知識・邏輯・科學哲學

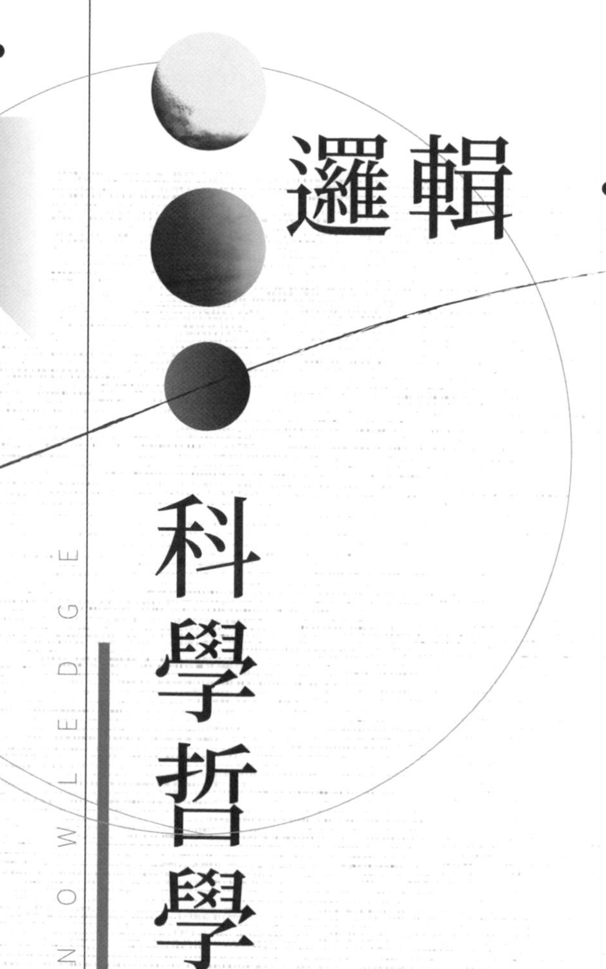

林正弘　著

東大圖書公司

代序

林正弘老師在 2022 年 6 月 3 日辭世。他的離去是臺灣哲學界的一大損失，然而他已經為我們留下大量寶貴的遺產。他不僅培育了許多當前哲學中堅人才，也出版不少深入探討哲學議題的學術著作——其中的菁華之一就是這本再版的《知識．邏輯．科學哲學》。

本書由四篇扎實的哲學論文組成，誠如書名，分別屬於知識論、邏輯和科學哲學這三個林老師專長的領域。這四篇論文發表的年代介於 1979 年到 1981 年間，約莫是林老師赴美國加州柏克萊大學攻讀博士期間。與今天多數大學教授的經歷不同，林老師在攻讀博士學位之前，已在臺大擔任講師多年，已有長期學術研究的經驗，並於 1975 年出版第一本學術論文集《白馬非馬》。本書的論文先發表於期刊，再匯集成書，其原出處已記錄於林老師的原序中。

三民書局願意將老師這本在 1985 年初版的著作再版，讓更年輕的朋友能認識林老師的思想成就，令人感念。再版通常會有再版序，惜老師已逝，故弟子服其勞，三民書局因而邀請我為本書寫代序。林老師的原序主要記載本書的成書經過，並未談及論文內容。在此代序中，我為讀者簡介本書四篇論文的重要性和成就。

第一篇〈知識與合理的真實信念〉，探討對知識論領域的第一課：葛棣爾反例 (Gettier counterexample)。二十世紀分析知識論相信「知識」可以被定義成「合理的（即，證成的）真信念」(justified true belief)，其中，「真」、「信念」、「合理的」三者都是知識的必要條件，它們合起來一起構成知識的充分條件。所以，「知識」等值於「合理的真信念」。葛棣爾則提出一個反例來挑戰這個等值性，指出一個人即使有充分理由相信某事，也不代表他擁有知識。這個反例引起分析知識論的大量討論，林老師分析葛棣爾反例，論證支持「合理的真信念」只是知識的必要條件，而非充分條件。知識的定義是知識論的核心議題，葛棣爾反例挑戰了「合理的真信念」做為知識的充分條件，然而還需要什麼條件才能構成知識？此文並未提出答案。然而，它預示了後來者可以進一步發展的方向。

第二篇是邏輯專題論〈邏輯悖論與公設集合論〉，比較各種公設集合論解消邏輯悖論——特別是羅素悖論——的方法，並探討各方法的哲學涵義。所謂羅素悖論是：「(這括號裡的句子是假的。)」若假定它為真，則必須承認它是假的；若假定它為假，又必須承認它是真的。其中，「是假的」乃是這個句子的述詞，因此一個羅素悖論的述詞形式是設 g 為任一述詞。若 x 具有 g 所敘述的性質，則我們說 g 述及 x，反之，g 不述及 x。但有些述詞述及本身，例如「是中文」述及本身，若如此，「不述及本身」這個述詞會述及本身，結果「不述及本身」述及本身。林老師此文探討了羅素的「簡化類型論」、「傑美樂－佛蘭克 ZF 系統」、「槐恩的 NF 系統」、「范諾耶曼－勃納斯－葛代爾 NBG 系統」，一一評估其優缺點，並進行兩兩之間的比較。

本書的第三和第四篇論文屬於科學哲學，乃是應用邏輯到科學哲學上的論文。兩篇都是針對邏輯經驗論傳統的核心課題，即「理論性概念在科學研究中是否有其必要性？」換言之，如果科學必定要建立在經驗的基礎上，即由經驗證據來檢驗假設。然而，許多抽象的理論性概念卻又不是經驗概念，那麼我們該如何處理它們？這個問題的進一步延伸問題是：理論性概念是否指稱了某種不可經驗的 (非觀察的) 理論物項 (theoretical entities)？這個問題涉及科學實在論和反實在論的爭辯，至今仍是科學哲學的核心議題。針對這個議題，肯定答案的立場稱作 「科學實在論」；而否定立場稱作 「科學工具論」 (scientific instrumentalism)，主張理論性概念無涉於實在，它只是計算的工具。

邏輯經驗論的學者們，發展了種種邏輯方法，想要消除科學理論中的理論性概念，以便配合經驗論的基本立場。但是，消除理論性概念的邏輯方法和理論被消除之後的科學理論，是否還能保有其各種功能呢？是否消除理論性概念的邏輯方法，可以支持「科學工具論」的立場呢？上述為第三與第四篇論文的背景。

第三篇討論英國數理邏輯家瑞姆濟 (F. P. Ramsey) 提出來的理論性概念消除法之外，林老師論證這個消除法並不能支持科學工具論，但也無法支持科學實在論 。 第四篇討論克雷格定理 (Craig's theorem) 應用到這個科哲議題上的可能性。在這篇力作中，林老師論證克雷格的理論性概念消除方法，也無法為科學工具論的立場背書；因為使用克雷格消除法所建構的理論公設系統，將會失去科學理論的說明功能。

後來，臺灣哲學家在科學實在論和反實在論的爭辯上產生不少哲學成果，林老師的觀點和論證對於這個議題在臺灣的發展，著實占有承先啟後的關鍵地位，詳情我已經寫成一篇論文〈科學實在論爭辯在臺灣的發展——林正弘的關鍵地位〉來闡述。

林老師生前對臺灣哲學的教育與發展上貢獻最受到人們的稱讚與傳頌，但是，本書提醒我們，林老師對哲學思想和哲學學術的貢獻，也值得我們關注，並在臺灣哲學發展史上占有關鍵的位置。

陳　瑞　麟

中正大學哲學系講座教授

序

本書收集筆者近幾年所寫的四篇有關知識論、邏輯及科學哲學的論文。

第一篇〈知識與合理的真實信念〉曾刊登於《思與言》雙月刊第 17 卷第 1 期（1979 年 5 月）。它所討論的問題是：知識是否等於合理的真實信念？這是近一、二十年來知識論的熱門問題。該文只做最初步的分析，筆者希望以後有機會對相關的知識論問題做進一步的探討。

第二篇〈邏輯悖論與公設集合論〉刊登於《思與言》雙月刊第 19 卷第 3 期（1981 年 9 月）。它對各公設集合論系統解消邏輯悖論的方法做了簡略的說明與比較。

第三和第四兩篇則介紹兩種消除抽象概念（或理論性詞）的方法，並討論這些消除法與科學工具論之間的關係。這是科學哲學中的問題。其中第三篇〈瑞姆濟的理論性概念消除法〉曾刊登於《思與言》雙月刊第 18 卷第 5 期（1981 年 1 月）。在該文中筆者指出瑞姆濟 (Frank Pumpton Ramsey)*的消除法無法用來支持科學工具論。

第四篇〈克雷格定理及其在科學哲學上的應用〉的一部分曾以相同的題目刊登於國立臺灣大學《哲學論評》第四期（民國 70 年 1 月）。筆者在四年前撰寫該文初稿時，還相信克雷格 (William Craig) 的理論性詞消除法有助於科學工具論的建立。在刊登於《哲學論評》的論文中，筆者一方面反駁了許多哲學家對克雷格方法的批評，另一方面指

---

* 該文刊登於《思與言》時，筆者聽從友人建議，遵循《遠東英漢大辭典》的譯名，將 “Ramsey” 音譯為「賴姆塞」。但此音譯畢竟與原文發音相差太遠，因此筆者在此把它改回原先的譯名「瑞姆濟」。

出了一條聯繫克雷格定理與科學工具論之間的線索。但是對於兩者之間的關聯並未詳細探討。因此，在該文刊登之後，筆者即不十分滿意，乃決定對此問題繼續加以探討。經過一、兩年的思索，筆者發現克雷格的消除法有一重大缺陷，即：一個科學理論使用克雷格方法消除了理論性詞之後，有可能喪失其原有的說明功能。這一缺陷似乎是向來討論克雷格方法的哲學家所忽略的。筆者乃一方面蒐集有關科學說明的論著，從各方面探討克雷格的消除法與說明功能之間的關係；一方面開始修正及改寫的工作。現在收集在本書中的第四篇論文，就是重新改寫後的作品。舊文開頭四節沒有變動，第五節有大幅度的修訂，第六節完全刪除。現在的第六節到第九節則完全是舊文中所無的。因此，改寫後的論文不但基本觀點與舊文不同，字數也由二萬八千多字增加到九萬字左右。

三民書局劉振強先生願意把這些論文結集出版，使它們有機會與較廣大的讀者見面，筆者衷心感謝，並盼能因此得到更多的批評與指正。此外，本書第二篇、第三篇以及第四篇部分初稿寫作期間曾蒙行政院國家科學委員會補助及獎助，特此申致謝意。最後，麗鶯在百忙中抽空為我整理並抄寫文稿，我也要趁此機會說聲謝謝。

林　正　弘

1984 年 10 月 10 日於美國加州大學

柏克萊校區

知識·邏輯·科學哲學　　目　次

第三篇　瑞姆濟的理論性概念消除法

第四篇　克雷格定理及其在科學哲學上的應用

第一篇　知識與合理的真實信念

一、導　論

約兩千三百年前，柏拉圖在對話錄《美諾》(*Meno*) 中指出：知識固然能夠指導正確的行為，但真實的（或正確的）意見也足以做為正確行為的優良指南，而且與知識同樣優良。可是知識的價值卻高於真實的意見，因為知識是真實的意見經過理智約束之後而變成的，比真實的意見較為穩固❶。

我們分析柏拉圖對知識的看法，有下面幾點值得注意：

⑴ 真實的意見既然可做為正確行為的指南，則這種意見必定是一項信念。換言之，把它當做行為指南的人必定相信這種意見。人們不會把自己不相信的意見當做自己行為的指南。其實柏拉圖也曾提到這一點❷。

⑵ 意見或信念必須是真實的才可做為正確行為的良好指南。假的信念不會是正確行為的良好指南。

---

❶ 見 Plato, *Meno*, 97, 98 in *Plato: The Collected Dialogues*, edited by Edith Hamilton and Huntington Cairns, pp. 380–381.

❷ 在上揭書第 381 頁中有如下的語句：

"And as long as he has a correct opinion on the points about which the other has knowledge, he will be just as good a guide, believing the truth but not knowing it."

⑶ 由真實的意見變成的知識既然同樣可以做為正確行為的指南，則知識也必是真實的信念。

⑷ 真實的意見或信念必須以理智加以約束才會成為知識。可見知識含有理智的成分在內，而真實的意見或信念則不一定是合乎理智的。

現代的解析哲學家（如 Alfred Jules Ayer, Roderick M. Chisholm 等人）即按照柏拉圖的解析，列出知識的三項必要條件❸。這些必要條件可敘述如下：

令 S 為任意一個人，即知識的主體；P 為任一語句，即知識的客體或對象。那麼，「S 知道 P」的必要條件是：

⑴ P 為真，

⑵ S 相信 P，

⑶ S 有充分的理由相信 P。

本文的目的就是要討論：這些條件是否確為知識的必要條件？這些條件合起來是否足以成為知識的充分條件？請注意：所謂「知識的條件」乃是指某人 S 知道 P 的條件。

二、知識的必要條件

現在讓我們將上述三個必要條件簡略說明如下：

⑴ 當我們說某一個人知道某一件事，我們必是認定那件事是真實的；否則我們只說他以為如此，或認為如此，或相信如此，而不會說他知道如此。例如：我們若說某人知道他自己患了癌症，我們必已認

❸ 這些條件雖然是分析柏拉圖對知識的看法而得到的，但柏拉圖自己卻不認為可以用列舉條件的方法來為「知識」一詞下定義。閱 Plato, *Theaetetus* 的結尾，在上揭書 pp. 907–919。

定他確實患了癌症；否則我們當說他以為（或認為，或相信）他自己患了癌症。又如：我們已知地球是圓的而不是方的。因而我們只說：「古人認為地球是方的」，而不說：「古人知道地球是方的」。可見「知道」一詞含有「真實」的涵意在內。詳言之，「S 知道 P」涵蘊「P 為真」。我們常說某人「誤認」某一學說為真理，或「誤信」某一謊言；但我們不說某人「誤知」某一學說或謊言，因為既然是錯誤，就不能稱之為「知」。

⑵ 一個人不會知道他所不相信的事。假如有人告訴我們說：「我知道你會來看我，但我不相信你真的會來」，我們一定說此人說話顛三倒四，要不是不懂「知道」一詞的用法，就是不明白「相信」一詞的意義。因為「知道」一詞實已含有「相信」的意義在內。

然而有些例子似乎顯示一個人可能不相信他所知道的事。例如：一個學生出乎意料之外考上大專聯考第一志願，立刻向他父親報喜訊，他父親很興奮地叫：「我已經知道了！但我實在不敢相信！」這位父親真的不相信他兒子考上了嗎？事實上，他已經相信了，否則也不會如此興奮。「不敢相信」四字只是用來表示出乎意料而已。假如他真的不相信，則他所謂「已經知道」不過是說他已聽到或看到了消息而已，並不真正知道。真正知道含有相信的意思。

讓我們再看看另一個常被提到的例子❹。一位太太接到她丈夫的死訊，由於事出突然，一時無法接受這項事實。但警方把驗屍單及死因調查報告連同屍體交給她之後，她就開始辦理喪事，訃告親友，並認真計劃如何獨立扶養幼兒。這一切似乎顯示她已知道丈夫已去世。但另一方面她又有些言行似乎顯示她仍不相信丈夫已死。例如：她仍

❹ 見 David M. Armstrong, *Belief, Truth and Knowledge*, pp. 143–145。

然每天清晨為丈夫泡一杯咖啡，並叫孩子促丈夫起床；每天下午四點半仍走到車牌等丈夫回家；等等。從這個例子看來，她似乎不相信她已知道的事。如此，則「S 知道 P」似乎並未含有「S 相信 P」的意義在內。其實，這位太太的這些舉動，諸如泡咖啡、等丈夫下班等等，未必表示她相信丈夫仍在世間；她也許只是用這些舉動來緩和內心的悲慟或懷念丈夫在世的情景罷了。即使她在車牌等候丈夫時確實相信丈夫會出現，也不表示她不相信丈夫已去世。因為一個人可能會有互相矛盾的信念，尤其在心緒不寧或悲慟時，更為常見❺。因此，這個例子不能反證「S 知道 P」含有「S 相信 P」的意義。

另外有些例子，似乎不但顯示「知道」未含有「相信」的意義，且進一步顯示「知道」含有排斥「相信」的意義在內。讓我們看看下面的例子。假如有人告訴我們說：「我相信中越邊界戰爭已經停火」，則我們必定認為這個人尚未看到停火的報導，因而還不知道確已停火；否則，他必定說他「知道」而不說「相信」。他用「相信」一詞似乎表示他尚未知道。對於知道的事就應該說「知道」，而不應該說「相信」。有些哲學家就以這一點為理由，主張知與信是互相排斥的概念。

其實這種主張乃是由於觀念的混淆而產生的。做這種主張的人把語句的真假與說話的切當不切當兩個不同的觀念混為一談。一句不切

❺ 有人也許會懷疑：在邏輯上互相矛盾的語句如何可能同時為真？難道我們要否定矛盾律嗎？其實，一個人有互相矛盾的信念是可能的，並沒有違背矛盾律。設以「S」表任意一個人，「P」表任一語句，「B」表二元述詞「……相信……」，則「Bsp」表示「S 相信 P」，而「$B_S{\sim}p$」表示「S 相信非 P」。儘管「P」和「～P」是互相矛盾的語句，但「Bsp」和「$B_S{\sim}p$」並不互相矛盾。「Bsp」的否定句是「～Bsp」而不是「$B_S{\sim}p$」。

當的話可能使聽者產生某些錯誤的信念，但語句本身是真的。假如一個臺北市人告訴一個外國訪客說：「臺北市人口已超過十萬人」，則這個外國人可能會誤以為臺北市人口只有一、二十萬人。因此，這句話是不切當的，它使聽者產生錯誤的信念。然而這句話卻仍然是真的：目前臺北市人口約兩百四十萬人，當然超過十萬人。可見，在某些場合說出一句真的話，不一定是切當的。設 P 和 Q 兩個語句為真，且 P 涵蘊 Q，而 Q 不涵蘊 P。若 S 知道 P 為真，則我們通常認為 S 應該說出 P；他若不說 P 而說 Q，則我們認為不切當。但這並不表示 Q 是假的，也不表示 P 不涵蘊 Q，更不表示 P 排斥 Q。以上面的例子來說，「臺北市人口約兩百四十萬人」與「臺北市人口超過十萬人」這兩句話皆為真，且前者涵蘊後者，而後者不涵蘊前者。那位臺北市人若知道臺北市的人口數量，換言之知道前一句為真，而卻以後一句話告訴外國訪客，則不切當。但這並不表示後一句話是假的，也不表示前句不涵蘊後句，更不表示前後兩句互相排斥。

現在我們再回過頭來討論中越邊界戰爭的例子。一個人若知道已經停火，則應該說他「知道」已停火，而不應該說他「相信」已停火。對於知道的事只說「相信」有時是不切當的，會引起誤解的（會誤解為他只是相信，而並不知道）。但這只是不切當而已，並不表示「我相信已停火」這句話是假的，也不表示「我知道已停火」不涵蘊「我相信已停火」，更不表示這兩個語句是互相排斥的。可見這個例子並不能顯示知與信是互相排斥的❻。

⑶ 真實的信念並不就是知識。一個人 S 相信某一真語句 P，並不

❻ 參閱 Jonathan Harrison, "Does Knowing Imply Believing?" *The Philosophical Quarterly*, 13 (1963), pp. 322–332。

表示 S 知道 P。舉例言之，設有一個賭徒每次開賭之前總是相信自己會贏錢，儘管十賭九輸，他對自己的賭技與賭運始終深信不疑。當然他偶而也會贏錢；但不管輸贏，每次開賭之前總相信會贏。當他輸錢時，固然不能說他事先知道會贏，因為事實上他並未贏錢；即使在他贏錢時，我們也不認為他事先知道會贏，因為他只是盲目的相信會贏而又碰巧贏錢而已。可見這種盲目的或不合理的信念，即使碰巧為真，我們也不稱之為「知識」。一個真實的信念，必有充分的理由，才可稱之為「知識」。以上述的賭徒為例，假定有一次在開賭以前他已知道牌友串通好要故意放水，讓他贏這一局，以免使他對賭博失去興趣。在這種情況下，我們可以說他事先知道會贏，因為這一次他有充分的理由相信會贏，而不僅是盲目的相信而已。

三、葛棣爾問題

上一節已討論過知識的三個必要條件。我們已肯定那三個條件確實都是必要的。現在的問題是：這三個條件合起來是否足以成為知識的充分條件？簡言之，合理的真實信念是否就是知識？詳言之，若(i) P 為真，(ii) S 相信 P，(iii) S 有充分理由相信 P，等三個條件都滿足，是否就足以斷定 S 知道 P？

對此問題，以往哲學家都認為這三個條件已經足夠❼。但葛棣爾 (Edmund L. Gettier) 在 1963 年發表一篇只有三頁長的短文，題目叫做〈合理的真實信念就是知識嗎？〉("Is Justified True Belief Knowledge?")❽。在該文中，他提出兩個反例，企圖證明上述三個條

❼ 參閱 Alfred Jules Ayer, *The Problem of Knowledge*, p. 35; 及 Roderick M. Chisholm, *Perceiving: A Philosophical Study*, p. 16.

件不足以構成知識。這篇短文發表後激起了非常廣泛的反應，十六年來討論此問題的論文及專書可謂「汗牛充棟」❾。有些是討論：葛棣爾的例子是否確已證明上述三條件不足以構成知識？有些是討論：必須添加何種條件，才足以構成知識？本文以下各節將只討論前一問題。關於後一問題，則將另寫專文探討。

現在先讓我們來看看葛棣爾的反例。

〔**例一**〕天洋公司徵求職員一名，張三和李四兩人前往應徵。面談之後，公司經理告訴張三說：公司將錄用李四。恰在此時張三看見李四在公司櫃臺兌換了十個銅板放進西裝口袋之內。在此情形下，張三有充分的理由相信下面的語句：

(1) 李四是天洋公司即將錄用的人，而且李四西裝口袋內現有十個銅板。

我們認為張三有充分理由相信(1)，因為：有關公司錄用新職員的問題，有什麼比經理的話更為可靠？有關某人口袋中有無銅板，有什麼比親眼看見更為可靠？現在假定張三從(1)推出下面語句，並因而相信該語句。

(2) 天洋公司即將錄用的那個人西裝口袋內現有十個銅板。

由於(1)確實涵蘊(2)，因此我們認為張三有充分理由相信(2)。

現在讓我們設想：原來天洋公司經理弄錯了，他決定要錄用的人是張三而非李四；不知什麼緣故，他自己搞糊塗了，竟告訴張三說要錄用李四。幸好尚未通知李四，乃通知張三前往報到上班。無巧不成

❽ 見 *Analysis*, 23 (1963), pp. 121–123。

❾ William Edward Morris 編了一份有關此問題的極完備的書目，惜未發表，目前藏於美國辛辛那提大學 (The University of Cincinnati) 圖書館中。

書，張三後來發現應徵當天他自己西裝口袋內也恰好有十個銅板，如此，則(2)是一個真的語句。因為張三自己就是天洋公司即將錄用的人，而且他的西裝口袋內有十個銅板。

現在問題是：張三在應徵當天是否知道(2)為真？第一節所列的知識的三個必要條件都已滿足了：(i)語句(2)確實是真的；(ii)應徵當天張三相信(2)為真；(iii)當天張三有充分的理由相信(2)為真。然而，在這種情形，我們很難認為張三當天知道(2)為真。因為他據以相信(2)的理由是他看見李四把十個銅板放入口袋，然而，實際上(2)之所以為真乃是因為張三自己口袋內有十個銅板，而這是張三當天所不知道的。由此例可見：僅滿足那三個必要條件，並不足以構成知識；換言之，知識不僅僅是合理的真實信念而已。

〔**例二**〕天洋公司職員張三每天看見公司經理開一輛福特牌轎車上班。每次張三出差，經理都把車子讓給張三使用，經理不止一次告訴張三：「你可以開我的車子去。」因此，張三有充分理由相信下面語句：

(3) 天洋公司經理有一輛福特牌轎車。

現在假定張三從(3)推出下面語句，且因而相信該語句：

(4) 天洋公司經理有一輛福特牌或賓士牌轎車。

由於(3)確實涵蘊(4)，因此張三有充分理由相信(4)。但張三之由(3)推出(4)乃是使用邏輯上的選言添加律 (law of disjunctive addition) 的結果[10]，他並不知道經理有沒有賓士牌轎車。

現在讓我們設想：天洋公司經理確實有一輛賓士牌轎車，但捨不得每天開去上班，乃向一位出國遠遊的好友長期租用那輛福特牌轎車

[10] 選言添加律的形式如下：$\phi \vdash \phi \vee \psi$ 或 $\phi \vdash \psi \vee \phi$。

使用。因此，(3)雖然為假，(4)卻仍然為真。如此，則知識的三個必要條件均已滿足：(i)語句(4)為真；(ii)張三相信(4)；(iii)張三有充分理由相信(4)。然而，我們不認為張三知道(4)為真，因為他相信(4)的理由是他誤以為經理有福特牌轎車，他並不知道經理有賓士牌轎車。可見，我們一再提到的那三個必要條件不足以成為知識的充分條件。

四、葛棣爾反例所假定的原則

自從葛棣爾的短文發表之後，有許多哲學家發表了相反的看法。他們認為葛棣爾的那兩個反例未能證明那三個條件不足以構成知識。他們指出葛棣爾的反例中所假定的原則，並指明那些原則是不能接受的。本節的目的是要討論葛棣爾的反例中到底假定了那些原則。

首先，我們必須明瞭那些反例的邏輯結構。我們分析的結果，得知其結構如下⓫：

(a) S 相信 P。

(b) S 有充分的理由相信 P。

(c) S 由 P 推出 Q，且因而相信 Q。

(d) P 涵蘊 Q；換言之，Q 確實可由 P 推出。

(e) 因此，P 提供 S 以相信 Q 的充分理由。

(f) P 為假。

(g) Q 為真。

(h) 因此，S 有充分的理由相信 Q，但 S 不知道 Q。

⓫ 參閱 Robert Almeder, "Truth and Evidence," *Philosophical Quarterly*, 24.97 (1974), pp. 365–368; 及 Robert G. Meyers and Kenneth Stern, "Knowledge without Paradox," *Journal of Philosophy*, 70 (1973), pp. 147–160。

此處的S相當於第三節〔例一〕及〔例二〕中的張三，P相當於〔例一〕中的(1)及〔例二〕中的(3)，Q相當於〔例一〕中的(2)及〔例二〕中的(4)。

現在讓我們說明葛棣爾所假定的原則。從上述的邏輯結構看來，葛棣爾認為：我們有充分理由相信的語句不必定真。假如我們有理由相信的語句必定真，換言之，一個假的語句我們不可能有充分理由相信它；則(b)與(f)中必定有一為假，因而無法推出(h)。因為(h)的前半「S有充分的理由相信Q」須以(b)為前提，而(h)的後半「S不知道Q」須要以(f)為前提。以第三節中的〔例一〕及〔例二〕來說，(1)與(3)既為假，則張三就沒有充分的理由相信它們，因而也沒有充分的理由相信(2)與(4)。因為(2)與(4)是分別由(1)與(3)推出的。可見，葛棣爾認為反例可以成立乃是假定了下面的原則：

原則(A)：一個假的語句P，有可能是一個人S有充分理由相信的。

由反例的邏輯結構又可看出葛棣爾認為：假的語句可以做為相信另一語句的理由；換言之，提供理由的語句可以為假，不一定要真。若真的語句提供的理由才可稱為「充分的理由」，則(e)與(f)中必定有一為假，因而無法推出(h)。因為(h)的前半須要(e)，後半須要(f)。以第三節中的〔例一〕及〔例二〕來說，既然(1)與(3)為假，則(1)與(3)不能做為張三相信(2)與(4)的理由，因而反例即不能成立。可見，葛棣爾認為反例可以成立乃是假定了下面的原則：

原則(B)：一個假的語句P，有可能提供充分的理由，使一個人S相信另一語句Q。

最後，我們還可由反例中看出葛棣爾認為：合理性可經由演繹推理而傳遞給另一語句。有這樣的傳遞性，才可由(a)～(d)得到(e)。現假定合理性不能如此傳遞。則儘管 S 有充分的理由相信 P，且由 P 正確地推出 Q，並因而相信 Q；我們仍然不能認為 S 有充分的理由相信 Q，換言之，P 的合理性無法傳遞給 Q，亦即 P 不能提供 S 以相信 Q 的充分理由。以第三節中的兩個反例來說，張三不能因為有充分理由相信(1)和(3)，即認為有充分理由相信(2)和(4)。可見，葛棣爾的反假定設了下面原則：

原則(C)：若一個人 S 有充分的理由相信 P，且由 P 正確地推出 Q，則 S 有充分的理由相信 Q。

五、有充分理由的信念是否必定為真？

上一節已經指明葛棣爾的反例所假定的三個原則。現在將討論：這些原則可否接受？本節先討論原則(A)。

阿美達 (Robert Almeder) 在一篇題為〈真理與證據〉(“Truth and Evidence”)⓬的短文中反對原則(A)，而認為有充分理由的信念必定是真的。他的理由如下。

假如一個有充分理由足以令人相信的語句居然可能為假，而不必定真，則試問我們如何可以知道一個語句為真？除了判斷我們所有的理由是否充分之外，我們還有什麼辦法可用來判斷一個語句是否為真？如果有的話，那種辦法一定是某種神秘的直觀或透視力，因而語句的真假就沒有客觀的判準了。

我們認為這個理由是非常牽強的。我們並不否認：判斷理由是否充分乃是判斷語句或信念真假的唯一辦法。問題在於：理由的可靠性

⓬　見註⓫。

必須到何種程度才算充分？我們當然不能要求百分之百的絕對可靠。因為絕對的可靠性是永遠無法達到的。因此，通常只要可靠性達到某種程度，即使未達百分之百，我們也就認為充分了。但只要可靠性未達百分之百，則這些理由所支持的語句或信念就仍然有假的可能。我們之所以認為「理由的充不充分」與「信念之真假」乃是兩個不相同的概念，其道理在此。我們並非認為：除了判斷理由的充不充分之外，尚有其他辦法可以判斷信念的真假。如果認定「語句 P 之為真」是「S 有充分理由相信 P」的必要條件，則由於我們永遠無法絕對肯定一個語句為真，因而我們永遠無法肯定自己有充分的理由相信一個語句。這樣一來，知識的活動將完全停頓，我們將成為徹底的懷疑論者。

除了上面所說的一切，我們還可以提出兩點理由為原則(A)辯護[13]。第一，通常我們除了使用演繹法之外，也用歸納法來提供理由。歸納法不同於演繹法的一大特色就是：用以支持結論的證據與結論的否定句，在邏輯上並不衝突。我們若用演繹法由 P_1、P_2、……、P_n 正確地推出 Q，則 P_1、P_2、……、P_n 與～Q 在邏輯上是矛盾的。然而，Q 若是用歸納法由 P_1、P_2、……、P_n 得到的，則 P_1、P_2、……、P_n 與～Q 在邏輯上可以是一致的，不相衝突的。我們如果要求有充分理由的信念必須為真，否則其理由即不能算是充分；那麼，不管如何強有力的、大家所認可的歸納論證所提供的證據或理由都有變成不充分的可能。舉例言之，一個法官根據被害人的控訴、被告的供認、在場證人（包括被告的親人好友）多人的指證、以及現場的錄影片，判斷被告確實

[13] 有關這兩點，George S. Pappas 和 Marshall Swain 在他們合編的 *Essays on Knowledge and Justification* 一書的導論中有簡單的提示，但未詳細發揮。見該書第 13 頁。

毆打被害人。這樣的判斷，一般都認為是一個強有力的歸納論證。現在假定實際上毆打被害人的並不是被告，而是被告的一個容貌酷似的孿生兄弟。被告與這個兄弟幼時因戰亂離散，戶籍資料中並無記載，被告親友都不知他有一個孿生兄弟，被告本人也不過幾天前才知道，並與之團聚。被告在法庭供認罪行，只不過是要替兄弟頂罪。在這樣的情形下，法官的結論是假的。按照阿美達的說法，因結論為假，故其所根據的理由即不充分。於是任何強有力的歸納論證所提供的理由都可能不充分。其實，在上面的例子中，我們一般認為理由已非常充分，只是很不巧的結論為假而已；而結論為假的可能性是歸納論證無法完全避免的。

第二，我們很容易可以想像一個與上面的例子極端相似的案子。在本案中，除了被告沒有孿生兄弟，他確實毆打被害人這一點不同之外，其他情節與上面的例子幾乎完全相同。尤其是法官所根據的證據幾乎是前例的翻版：被害人的控訴、被告的供認、在場證人（包括被告親友）多人的指證，以及現場的錄影片。但這一次法官的結論是真的，因為被告確實毆打被害人。在這兩個案子中，法官所根據的證據幾乎相同，照理應該做相同的判斷。如果其中一案的理由是充分的，則另一案的理由也同樣充分。然而，按照阿美達的說法，只因其中一案的結論是真的，另一案的結論是假的，就因此認為前者理由充分，而後者則否。這是非常違背常理的說法。我們懷疑主張這種說法的人對「理由充分」一詞是否有正確的瞭解。

以上我們反駁了阿美達看法。我們認為原則(A)是可以接受的。信念的真假是一回事；信念的理由是否充分是另一回事。它們是兩個不相同的概念。有充分理由的信念可能為假，不必定為真。

六、提供充分理由的語句是否必定為真？

上一節我們已肯定：理由的充分與否，和其所支持的信念的真假，是兩個不相同的概念。現在我們要問：理由的充分與否，和提供該理由的語句的真假，是不是相同的概念？換言之，「理由充分」的概念是否含有「提供該理由的語句為真」的概念在內？詳言之，設語句 P 提供充分的理由使一個人 S 相信另一語句 Q；則 P 是否必定為真？簡言之，原則(B)可否接受？

麥爾士 (Robert G. Meyers) 和史搭恩 (Kenneth Stern) 在他們合寫的論文〈沒有悖論的知識〉("Knowledge without Paradox")⓮中反對原則(B)，而主張接受原則(B)的反面。現將原則(B)的反面稱之為「原則(B′)」，並敘述如下：

原則 (B′)：若一個語句 P 提供充分的理由，使一個人 S 相信另一語句 Q，則 P 為真。

原則 (B′) 的要求似乎太苛。反對它的人常常提到如下的反例來證明它要求太苛⓯。設語句 P 為 R 與 W 之連言 (conjunction)，兩個連言項 (conjuncts) R 及 W 皆分別涵蘊另一語句 Q，但其中 R 為真而 W 為假。在此情形下，P 為假；因而按照原則 (B′)，P 不能提供充分的理由，使 S 相信另一語句 Q。然而，實際上，我們通常認為 P 可以提供充分的理由，因為 P 有部分為真（即 R），而只這一部分就足以提供充分的理由以支持 Q。以上一節中的傷害案為例：假定法官所根據的一切證據

⓮ 見註⓫。

⓯ Meyers 和 Stern 在他們合寫的論文中 (p. 149) 以及 Pappas 和 Swain 在他們的導論中 (p. 14) 都提到這類反例。

中，除了一個證人因故做了偽證之外，其他證據都是真實的。我們以 P 來表示這一切證據的總合，P 的連言項中固然有假的，因而 P 本身為假，但 P 的其他連言項已足以提供充分的理由使法官相信傷害罪可以成立。因此，我們應認為 P 提供了充分的理由，使人相信另一語句。因而，原則 (B′) 要求提供充分理由的語句必須為真，未免太苛。

麥爾士和史搭恩對上述批評答覆如下⓰：

我們必須把兩個不同的概念分別清楚，不應混淆：一個是邏輯上的涵蘊概念，另一個是知識論上「提供充分理由」的概念。在邏輯上，從「R 涵蘊 Q」可推知「R & W 也必涵蘊 Q」。反之，在知識論上，從「R 提供充分的理由，使 S 相信 Q」並不能推知「R & W 提供充分的理由，使 S 相信 Q」。有人主張在知識論上可如此推論，乃是兩種不同概念混淆不清的結果。否則，沒有理由做此主張。接受原則 (B′) 的結果，不致使 S 喪失相信 Q 的充分理由。因為只要 S 得知只有 R 就足以提供充分的理由，則 S 仍可根據 R 做為相信 Q 的理由；並不因原則 (B′) 的嚴格要求而喪失必要的理由。以上面的傷害案為例，設以 P 表示法官所根據的證據之總合，以 P′ 表示除了偽證證言以外的證據之總合。按照原則 (B′)，因 P 為假，不能提供充分的證據使法官相信傷害罪成立；但因 P′ 為真，故足以提供充分的理由。因此，法官仍有充分的理由，並不因接受原則 (B′) 而無法斷案。

麥爾士和史搭恩的答覆是非常恰當的；但這並不是說原則 (B′) 是可以接受的。我們承認上面那個反對原則 (B′) 的反例不成立，並不表示我們贊成原則 (B′)。在本節中，我們將提出贊成原則(B)而反對原則 (B′) 的理由。但在提出理由之前，讓我們先看看麥爾士和史搭恩反對

⓰ 見該合寫論文第 I 節 (p. 150)。

原則(B)的另一說辭。他們認為主張原則(B)而反對原則 (B′) 的人可能是想要維持下面的原則⑰：

原則(D)：若一個人S有充分理由相信一個語句Q，則他必定能夠斷定自己有充分理由相信Q。

這個原則與原則 (B′) 是互相衝突的。按照原則 (B′)，只有真的語句才可能提供充分的理由使人相信另一語句。然而一個語句是否為真，往往不能絕對肯定；因而往往有真的語句而S不能確定其為真。因此，即使P為真且確實提供了充分理由，使S相信Q；S仍有可能因不能確定P為真，因而不能斷定自己有充分的理由相信Q。反之，原則(B)並不要求提供理由的語句必須為真，只要提供理由的語句相當可靠，而又足以支持某一語句Q，則S就有充分的理由相信Q，即使那些提供理由的語句為假，只要S不知其為假，則我們仍然認為S有充分的理由。一個語句看起來是否可靠，是否足以支持某一語句Q，乃是S可以判斷的。因而原則(B)與原則(D)並未衝突。到此為止，我們贊成麥爾士和史搭恩的說法。現在問題是：我們是否須要接受原則(D)？當一個人有充分的理由相信一個語句時，我們是否必須認定他能夠判斷他確有充分的理由相信該語句?麥爾士和史搭恩認為沒有必要做此要求。他們把此要求與下面對知識的要求做比較：

原則(E)：S若知道Q，則S必知道他自己知道Q。

他們認為：若接受原則(E)，則可保證知識的確定性。換言之，按照原則(E)，S若知道Q，則S能夠絕對肯定Q為真。因此，原則(E)可以滿足理性主義的懷疑論者對知識的要求：知識必須有絕對的確定性。

---

⑰ Roderick M. Chisholm 即主張維持原則(D)，參閱其名著 *Perceiving: A Philosophical Study* (Ithaca: Cornell University Press, 1957), pp. 34–35。

我們沒有理由對知識做此要求，因而沒有理由接受原則(E)。但麥爾士和史搭恩認為我們至少還知道主張原則(E)的目的何在。至於原則(D)，則甚至無法用來保證知識的確定性，因而他們想不出任何理由加以接受⓲。

我們認為麥爾士和史搭恩把問題扯到不相干的方向去。我們認為原則(D)的要求乃是知識活動的必要條件，而與知識的確定性無關。

一個人若要判斷一個語句為真，我們通常除了要求他必須有充分的理由之外，還要求他必須認定他自己有充分的理由。一個人若還不能斷定自己有充分理由時，就判斷某一語句為真，我們必定會說他的判斷是草率而不審慎的。然而，我們若接受原則 (B′)，且因而反對原則(D)；則一個人即使有了充分的理由相信 Q，仍然可能無法認定自己有充分的理由，因而不能判斷 Q 為真。試以上節的傷害案為例。我們不難設想法官所根據的證據可能全都是偽證：被害人的控訴、被告的供認、證人的證詞、以及錄影片全都是偽造的。但他們合作偽造得不露痕跡，使法官無法識破。按照原則 (B′)，在此情形下，法官沒有充分的理由相信傷害罪成立。即使實際上證據全是真的，但法官無法完全排除偽造的可能性，任何看來非常可靠的證據都有可能是偽造的，不管其可能性如何微小。因有此可能性存在，法官就不敢斷定自己已有充分理由相信傷害罪成立，儘管實際上他已有充分理由。我們通常雖不要求法官對他的判決有百分之百的絕對把握，但我們至少要求他必須能夠斷定自己所做的判決有充分理由。因此，按照原則 (B′)，那位傷害案的法官永遠無法做成判決。反之，我們若接受原則(B)，且因而接受原則(D)；則只要那位法官有了充分的理由，他就能夠斷定自己

⓲ 見他們合寫的論文第 II 節 (pp. 154–156)。

的理由是充分的，因而就能夠判案。可見，原則 (B′) 要求提供理由的語句必須為真，其理由才算充分，未免過苛，致使我們不敢斷定自己的理由是否充分，因而嚴重限制了知識的活動。我們通常說某人有充分理由相信某一語句，並不表示提供理由的語句必定是真的。以上面傷害案的法官為例，即使他所根據的證據全是偽證，但只要偽造得毫無破綻，任何人都難以識破，則我們仍認為法官有充分理由判被告有罪。

七、演繹法能否傳遞合理性

本節將討論葛棣爾反例所假定的原則(C)。原則(C)是否可以接受？詳言之，設一個人 S 有充分理由相信 P，且由 P 正確地推出 Q，試問：S 是否即因而有充分理由相信 Q？簡言之，S 相信 P 的合理性能否經由演繹法而傳遞給 Q？

薩亞伯格 (Irving Thalberg) 在一篇題目叫做〈為合理的真實信念辯護〉 ("In Defense of Justified True Belief") 的論文中⓳主張原則(C)是不能接受的。他反對在葛棣爾的〔例一〕中，因張三有充分理由相信(1)，即推知張三有充分理由相信(2)；他也反對在葛棣爾的〔例二〕中，由張三有充分理由相信(3)，推知張三有充分理由相信(4)。為了討論方便起見，將(1)(2)(3)(4)抄錄於下：

(1) 李四是天洋公司即將錄用的人，而且李四西裝口袋內現有十個銅板。

(2) 天洋公司即將錄用的那個人西裝口袋內現有十個銅板。

(3) 天洋公司經理有一輛福特牌轎車。

⓳ 見 *Journal of Philosophy*, 66.22 (1969), pp. 794–803。

(4) 天洋公司經理有一輛福特牌或賓士牌轎車。

他反對的理由是這樣的。張三相信(1)所根據的證據都是有關李四一個人的證據；這些證據與李四以外的任何其他人是否錄用以及口袋中有無十個銅板，毫不相干。如果天洋公司所錄用的是其他人而不是李四，則這些證據如何可以用來當做張三相信(2)的理由呢？既然使張三相信(1)所根據的證據不一定能用來做為張三相信(2)的證據，則我們不能因為張三有充分理由相信(1)，就推知他有充分理由相信(2)。同樣的，張三相信(3)所根據的證據都是有關福特牌轎車的；這些證據與賓士牌轎車毫不相干。如果天洋公司經理所擁有的轎車是賓士牌而不是福特牌，則這些證據如何可以做為張三相信(4)的理由呢？既然使張三相信(3)的證據不一定能做為他相信(4)的證據，則我們不能因張三有充分理由相信(3)，就推知他有充分理由相信(4)。

薩亞伯格的論文發表之後，先後有柯德爾 (David Coder)、山達士 (John Turk Saunders) 及虎克爾 (Michael K. Hooker) 等人為文反駁⑳；但都未能針對要點加以批評，以致薩亞伯格對他們的答覆㉑也未能就他自己的論點加以進一步的發揮。現在我們將針對薩亞伯格的上述論點提出三點批評。

---

⑳ 見 David Coder, "Thalberg's Defense of Justified True Belief," *Journal of Philosophy*, 67.12 (1970), pp. 424–425; John Turk Saunders, "Thalberg's Challenge to Justification via Deduction," *Philosophical Studies*, 23 (1972), pp. 358–364; Michael K. Hooker, "In Defense of Principle for Deducibility of Justification," *Philosophical Studies*, 24 (1973), pp. 402–406.

㉑ 見 Irving Thalberg, "Is Justification Transmissible Through Deduction?" *Philosophical Studies*, 25 (1974), pp. 347–356。

第一，薩亞伯格對葛棣爾反例的批評假定了下面的原則：

原則(F)：設 A 為實際上使得語句 Q 為真的事態。

一個人 S 有充分理由相信 Q 的必要條件之一是：S 有充分理由相信 A 會出現。

在葛棣爾的〔例一〕中，實際上使得(2)為真的事態是天洋公司將錄用張三以及張三口袋中恰有十個銅板；而張三並無充分理由相信這些事態會出現。因此，根據原則(F)，張三沒有充分理由相信(2)。很明顯的，薩亞伯格主張張三沒有充分理由相信(2)，乃是根據原則(F)或其他類似的原則。若沒有假定這類原則，我們實在想不出他以什麼理由做此主張。同樣的，在葛棣爾的〔例二〕中，實際上使得(4)為真的事態乃是天洋公司經理有一輛賓士牌轎車；而張三並無充分理由相信這個事態。因此，根據原則(F)，張三沒有充分理由相信(4)。

現在問題是：我們有沒有理由要接受原則(F)？薩亞伯格並未說明我們為何要接受此原則；他甚至沒有明顯的提到這個原則。柯德爾、山達士、虎克爾等人也沒有提到這個原則。帕帕士 (George S. Pappas) 和史瓦恩 (Marshall Swain) 雖提到此原則，並指出薩亞伯格未對此原則做任何辯護；但他們也未提出任何理由反對此原則[22]。我認為原則(F)之不能接受，理由非常明顯；它與我們對「有充分理由相信」一詞的概念相違背。通常只要 S 所有的證據按照一般標準看來相當可靠，而這些證據又足以令人相信 Q 為真，則我們就可以說：S 有充分理由相信 Q。至於 Q 是否確實為真既與 S 是否有充分理由相信 Q 無關（見第五節），則實際上使得 Q 為真的事態與 S 有無充分理由相信 Q 更不相干了。在葛棣爾的〔例二〕中，讓我們設想兩種情況：第一種情況是

[22] 見註[13]中所提到的 *Essays on Knowledge and Justification* 第 18 頁。

天洋公司的經理有賓士牌轎車而沒有福特牌轎車，與葛棣爾所設想的反例完全一樣；第二種情況是經理所有的車子正是張三所熟悉的那輛福特牌轎車。按照原則(F)，在第二種情形，張三有充分理由相信(4)，而在第一種情形則否。在這兩種情形下，張三所據以相信(4)的證據完全一樣，這些證據對張三所顯示的可靠性也因而完全一樣；然而，現在竟然由於一些張三所不知道的事實，而認定他在第二種情形相信(4)為合理，在第一種情形為不合理。這顯然與我們對「信念合不合理」、「信念有無充分理由」的概念不合。

再者，若接受原則(F)，則張三不但沒有充分的理由相信(2)和(4)，他同時也沒有充分理由相信(1)和(3)。因為在葛棣爾的反例中，(1)和(3)都是假的，根本就沒有實際上使(1)和(3)為真的事態，張三也就不可能有充分的理由相信那些事態會出現。現在讓我們再設想另一種情況。設想在〔例二〕中，天洋公司經理的確有一輛福特牌轎車，但並不是張三所熟悉的那一輛。張三熟悉的那一輛，正如在〔例二〕中一樣，是向友人租用的。在這種情形下，實際上使(3)為真的乃是經理有另一輛福特牌轎車，這是張三沒有充分理由相信的。因此，按照原則(F)，張三沒有充分理由相信(3)，不僅沒有充分理由相信(4)而已。可見，接受原則(F)的結果，使得我們不能由「張三有充分理由相信(3)」推知「張三有充分理由相信(4)」，甚至使得「張三有充分理由相信(3)」也成問題。如此，則原則(F)不僅關係到演繹法能否傳遞信念的合理性；而且關係到信念的合理性本身，亦即一個信念如何才算是有充分的理由。我們在上一段已指明原則(F)對「充分理由」的要求與我們對「充分理由」一詞的概念不合。其實，原則(F)的要求應該是對知識的要求而非對合理信念（或有充分理由的信念）的要求。把原則(F)改成對知識的要求，或許可以接受：

原則 (F′)：設 A 為實際上使得語句 Q 為真的事態。
一個人 S 知道 Q 的必要條件之一是：S 有充分理由相信 A 會出現。

第二，按照薩亞伯格的說法，我們不能因為有充分理由相信

⑸ 趙明德有一輛福特牌轎車。

因而有充分理由相信

⑹ 趙明德有一輛轎車。

因為只有當趙明德有福特牌轎車時，⑸才會真；反之，要使⑹為真不必如此，還有許多其他情況可使⑹為真（例如：趙明德有裕隆牌或本田牌車等等）。我們雖然有證據足以相信⑸，但這些證據都不足以使我們相信使⑹為真的其他情況。同樣的道理，我們不能因為有充分理由相信趙明德有一輛裕隆牌轎車，就因而有充分理由相信他有一輛轎車。因此，我們必須有充分理由相信「不管什麼牌子，反正趙明德一定會有車子」，才可說我們有充分理由相信⑹。從我們有充分理由相信他有某種牌子的車，不能因而推知我們有充分理由相信他有車子㉓。順著薩亞伯格的這個理路推下去，當我們有充分理由相信某人有福特牌 1976 年的車子，不能因而斷定我們有充分理由相信這個人有一輛福特牌車子。只有當我們有充分理由相信他有福特牌車子而又不能確定其出廠年代時，我們才有充分理由相信他有福特牌車子。換言之，有關他所有的車子的資料越詳細，我們反而越沒有理由相信他有福特牌的車子。這是非常違反常理的。

第三，演繹法的功能之一是使人們由某一信念推出另一信念；換

㉓ 見註⑲中所提文獻第 799 頁。

言之，由一個已有充分理由相信的語句推出另一語句，因而也能有充分理由相信推出的語句。當然，演繹法所保證的乃是若前提真則結論真。然而，我們在絕大多數的情況下不能百分之百的絕對斷定一個語句為真。尤其是經驗語句，不管其證據如何堅強充分，總還有假的可能，儘管其可能性極端微小。因此，若必須在我們能夠百分之百絕對斷定某一語句為真的情形，才可能用演繹法由該語句推出其他語句，則在實際上演繹法將很少有使用的機會；尤其在經驗科學及日常生活中，它將幾乎毫無用處。其實，通常只要一個語句有相當程度的可靠性，我們就以它為前提，使用演繹法推出其他語句。我們這樣做，乃是因為假定前提的可靠性或合理性可經由演繹法傳遞給結論；換言之，乃是因為我們接受了原則(C)。反對原則(C)而不同時反對演繹法在經驗科學及日常生活中使用，乃是自相矛盾的。

八、另一個葛棣爾式的反例

我們已經反駁了反對原則(A)～(C)的各種理由，並說明了為何要接受這些原則的理由。既然接受了這些原則，則一般反對葛棣爾反例的理由也就不成立了。其實，即使不預設原則(A)～(C)，我們也可以設想類似葛棣爾的反例。下面就是一個不必假定原則(A)～(C)的葛棣爾式的反例：

〔**例**三〕天洋公司職員張三每天看見公司經理開一輛賓士牌轎車。經理買這輛轎車時曾委託張三辦理過戶手續，以後每年的牌照稅也是委託張三繳納的。因此，張三有充分理由相信下面語句：

(7) 天洋公司經理有一輛賓士牌轎車。

有一天經理為了向朋友買一輛全新的賓士牌轎車，臨時決定把現有的賓士牌車賣出。由於張三出差不在身邊，經理自己把車子賣給舊車行，並辦妥了過戶手續。第二天他朋友那輛全新的賓士因車禍而撞毀，經理立刻回到舊車行買回他原有的賓士車，並辦妥過戶手續。幾天以後張三出差回來，尚未和經理見面，不知這個轎車買賣的故事。他仍然相信經理有一輛賓士牌轎車。他這個信念是真的，因為經理又已買回了自己原有的車子；他這個信念也有充分的理由。因此，本文第一節所列的知識的三個必要條件，都已滿足。如果這三個條件合起來足以成為知識的必要條件，則張三出差回來時仍然知道公司經理有一輛賓士牌轎車。然而在這種情況下，我們真的認為張三知道嗎？我們認為張三並不知道(7)。他只是有充分理由相信(7)，而(7)又碰巧為真而已。若經理的朋友未發生車禍，或舊車行把經理原有的車賣給別人，(7)即不會是真的。張三在尚未知道這些事之前，不能算知道(7)為真。因為使(7)為真的這些事，張三尚未有充分理由去相信。必需等到經理告訴張三這些事之後，我們才可說張三確實知道經理仍有一輛賓士牌轎車。

上面的〔例三〕和第三節中的〔例一〕、〔例二〕一樣顯示那三個必要條件並未充分。然而與前兩例不同，〔例三〕並未假定原則(A)～(C)。〔例三〕的邏輯結構如下：

(a) S 相信 P。

(b) S 有充分理由相信 P。

(c) P 為真。

(d) 實際上使 P 為真的事態是 A。

(e) S 沒有充分理由相信 A。

(f) 因此，S 有充分理由相信真語句 P，但並不知道 P。

我們不難看出：在上面的結構中，S 沒有相信任何假的語句，也沒有用任何假的語句提供相信另一語句的理由；因此，不必有原則(A)和(B)。S 也沒有使用演繹法把一個語句的合理性傳遞給另一語句，因此也不必有原則(C)。

可見，葛棣爾式的反例不一定要假定原則(A)～(C)。只是葛棣爾所提出的那兩個反例碰巧都要假定這些原則而已。因此，即使反對這些原則的人也不能主張那三個知識的必要條件合起來足以構成充分條件。很明顯的，知識不僅是合理的真實信念，它還必須滿足其他條件。

九、結　論

本文的目的是討論：知識是否等於合理的真實信念？我們的結論可概述如下：

(一) 成為知識的必要條件是要成為合理的真實信念。（我們在第二節討論了這一問題）

(二) 葛棣爾為了證明知識不等於合理的真實信念，提出了兩個反例。這兩個反例假定了三個原則——即原則(A)～(C)。（本文第三、四節）

(三) 反對原則(A)～(C)的理由都不能成立。這些原則是可以接受的。（本文第五、六、七節）

(四) 即使不假定原則(A)～(C)，仍然可以找到反例顯示知識不僅是合理的真實信念。合理的真實信念只是知識的必要條件而非充分條件。（本文第八節）

至於知識還須滿足什麼樣的條件，不在本文範圍之內，筆者將另外撰文詳細討論。

第一篇　參考書目

Almeder, Robert

1974　Truth and Evidence, *Philosophical Quarterly*, 24 (97): 365–368.

Armstrong, David M.

1973　*Belief, Truth and Knowledge*. London: Cambridge Univ. Press.

Ayer, Alfred Jules

1956　*The Problem of Knowledge*. Baltimore: Pelican.

Chisholm, Roderick M.

1957　*Perceiving: A Philosophical Study*. Ithaca: Cornell Univ. Press.

Coder, David

1974　Naturalizing the Gettier Argument, *Philosophical Studies*, 26: 111–118.

1976　Thalberg's Defense of Justified True Belief, *Journal of Philosophy*, 67 (12): 424–425.

Dees, J. Gregory and John A. Hart

1974　Paradox Regained: A Reply to Meyers and Stern, *The Journal of Philosophy*, 71: 367–372.

Feldman, Richard

1974　An Alleged Defect in Gettier Counterexamples, *Australasian Journal of Philosophy*, 52 (1): 68–69.

Gettier, Edmund L.

1963　Is Justified True Belief Knowledge? *Analysis*, 23 (6): 121–123.

Harrison, Jonathan

1963 Does Knowing Imply Believing? *The Philosophical Quarterly*, 13: 322–332.

Hooker, Michael K.

1973 In Defense of the Principle of Deducibility for Justification, *Philosophical Studies*, 24: 402–406.

Meyers, Robert G. and Kenneth Stern

1973 Knowledge without Paradox, *Journal of Philosophy*, 70: 147–160.

Pappas, George S. and Marshall Swain (eds.)

1978 *Essays on Knowledge and Justification*. Ithaca: Cornell Univ. Press.

Plato

1961 *The Collected Dialogues of Plato*, edited by Edith Hamilton and Huntington Cairns.

Saunders, John Turk

1972 Thalberg's Challenge to Justification via Deduction, *Philosophical Studies*, 23: 358–364.

Thalberg, Irving

1969 In Defense of Justified True Belief, *Journal of Philosophy*, 66 (22): 794–803.

1974 Is Justification Transmissible Through Deduction? *Philosophical Studies*, 25: 347–356.

第二篇　邏輯悖論與公設集合論*

一、緒　論

I、本文的目的

本文以羅素悖論做為邏輯悖論的代表，比較各公設集合論系統解消羅素悖論的方法，並探討各方法的哲學含意。

II、邏輯悖論

所謂「悖論」是：從表面上似乎不成問題的前提，按照表面上似乎不成問題的推理過程，導出互相矛盾的結論。最典型的例子是下面的語意悖論：

這個框格裡的句子是假的

若假定該語句為真，則必須承認它是假的；反之，若假定它為假，則又必須承認它是真的。設以「S」表該語句，則我們可得結論：

(1) $(S \leftrightarrow \sim S)$

我們從似乎沒有問題的前提 S 導出矛盾句(1)，而其推理過程似乎也沒有什麼錯誤。

*　本文原稿蒙同事陳文秀先生過目，提出許多修正意見，特此表示謝意。

上面的悖論涉及一些語意學的概念。「這個框格裡的句子」是用來指稱語句 S 的，這種「指稱」關係是語意學的概念。此外，「真」與「假」也是語意學上的概念❶。這種涉及語意學概念的悖論叫做「語意悖論」，不在本文討論範圍之內。本文只討論邏輯悖論，這種悖論只涉及廣義的邏輯概念（包含集合論概念在內），而不涉及語意學概念。重要的邏輯悖論有下列數種：

(i) Burali-Forti 悖論：這是 Cesare Burali-Forti 在 1897 年提出的。根據 Cantor 集合論，每一良序集合有一個序數。又，所有序數所構成的集合 S 仍為良序集合，故 S 有一序數 Q。因 Q 為序數而 S 為所有序數所構成之集合，故 $Q \in S$。S 既含有 Q，則其序數必比 Q 大 1，而為 $Q+1$，故 Q 並非 S 之序數❷。

(ii) Cantor 悖論：這是 Georg Cantor 在 1899 年所發現的。根據 Cantor 集合論，一個集合 Y 的基數 $\overline{\overline{Y}}$ 是由所有與 Y 能一一對應的集合所構成的集合；$\overline{\overline{Y}} \leq \overline{\overline{Z}}$ 的意義是：Y 能與 Z 的一個部分集合一一對應；$\overline{\overline{Y}} < \overline{\overline{Z}}$ 的意義是 $\overline{\overline{Y}} \leq \overline{\overline{Z}}$ 且 $\overline{\overline{Y}} \neq \overline{\overline{Z}}$。按照 Cantor 定理，若 P(Y) 為 Y 的所有部分集合所構成之集合，則 $\overline{\overline{Y}} < \overline{\overline{P(Y)}}$。設 C 為宇集，亦即由所有集合所構成之集合。因 P(C) 為 C 的部分集合，故 $\overline{\overline{P(C)}} \leq \overline{\overline{C}}$。然而，按照 Cantor 定理，$\overline{\overline{C}} < \overline{\overline{P(C)}}$❸。

❶ 參閱 Tarski, Alfred, "The semantical conception of truth and the foundations of semantics," *Philosophy and Phenomenological Research*, Vol. 4 (1944), pp. 341–355.

❷ 參閱 Burali-Forti, Cesare, "Una questione sui numeri transfiniti," *Rendiconti di Palermo*, 11 (1897), pp. 154–164.

❸ 參閱 Georg Cantor 在 1899 年 8 月 31 日寫給 Richard Dedekind 的信。此信見

(iii) 羅素悖論：這是羅素 (Bertrand Arthur William Russell) 在 1901 年發現的。一個集合可屬於另一個集合，亦即集合仍可為集合的元素。有些集合可成為本身的元素。例如：所有的有五個元素以上的集合所構成的集合；這個集合本身有五個以上的元素，故此集合為其本身之元素。另外有些集合不成為本身的元素。例如：所有的貓所構成的集合並不是一隻貓，故此集合不是其本身的元素。現在我們要問：一個由不為本身的元素的集合（亦即不屬於本身的集合）所構成的集合是否為其本身的元素？以符號來表示：$\{x|x \notin x\}$ 是否為其本身的元素？設 $\{x|x \notin x\}$ 為其本身的元素，則必定合於條件 $x \notin x$，亦即不為其本身的元素；反之，設 $\{x|x \notin x\}$ 不為其本身的元素，則因符合條件 $x \notin x$，故為 $\{x|x \notin x\}$ 之元素，亦即 $\{x|x \notin x\}$ 為其本身的元素。簡言之，若 $\{x|x \notin x\}$ 屬於本身，則不屬於本身；反之，若 $\{x|x \notin x\}$ 不屬於本身，則屬於本身。以符號表示，即：$\{x|x \notin x\} \in \{x|x \notin x\} \leftrightarrow \{x|x \notin x\} \notin \{x|x \notin x\}$。

上述三個邏輯悖論之中，(i)和(ii)涉及較多集合論概念，諸如：基數、序數、良序集合、一一對應、宇集、……等等，同時也利用一些 Cantor 集合論中的定理。反之，(iii)則只涉及集合和元素兩個概念而已。不接受 Cantor 集合論的人也很難否定羅素的推理。因此，以羅素悖論做為範例，最能顯示出直覺集合論以及任何直覺上看似合理的前提與推理是不完全可靠的。

於 Cantor, Georg, *Gesammelte Abhandlungen mathematischen und philosophischen Inhalts*, E. Zermelo, ed. (Berlin, 1932), p. 448.

III、羅素悖論的兩種形式

1901 年 6 月，羅素在研究 Cantor 悖論時發現了新的悖論，即第一節第 II 小節中的(iii)羅素悖論❹。1902 年 6 月 16 日，羅素寫信給 Gottlob Frege，指出：根據 Frege 在 *Grundgesetze der Arithmetik* 一書中所列的公設可導出上述悖論❺。Frege 於同月 22 日回信表示：羅素的悖論令他極度的驚訝與狼狽，因為它動搖了他所建立的算術基礎❻。Frege 接到羅素的信時，*Grundgesetze der Arithmetik* 第二卷正在排印中，Frege 就在第二卷增加一篇附錄討論這個悖論。在附錄的開頭，Frege 寫道：「當一件工作剛剛完成，其基礎就隨之倒塌。一個從事科學工作的人，沒有比遭遇到這種事更令人討厭的了。羅素寫給我的信使我處於這種情況❼。」兩人之間雖有書信來往，但羅素悖論卻到 1903 年才正式發表於 *Principles of Mathematics* 一書之中❽。

羅素悖論可用集合論的形式來敘述，如第一節第 II 小節中的(iii)，但也可用述詞的形式來敘述如下：

---

❹ 參閱 Russell, Bertrand, *My Philosophical Development* (London and New York, 1959), pp. 75–76. 及 Schilpp, P. A., ed., *The Philosophy of Bertrand Russell* (Chicago, 1944), p. 13.

❺ 此信見於 Heijenoort, Jean van, ed., *From Frege to Gödel* (Cambridge, Massachusetts, 1967), pp. 124–125.

❻ Frege 的回信見於❺所列書 pp. 127–128。

❼ 參閱 Frege, Gottlob, *Grundgesetze der Arithmetik*, Vol. 2 (Jena, 1903), Appendix.

❽ 參閱 Russell, Bertrand, *Principles of Mathematics*, 2nd ed. (New York, 1938), pp. 101–107.

設 g 為任一述詞。若 x 具有 g 所敘述的性質，則我們說：g 述及 x；反之，若 x 不具有 g 所敘述的性質，則我們說：g 不述及 x。有些述詞述及本身。例如：「是中文」這個述詞述及本身，因為這三個字確實是中文。有些述詞不述及本身。例如：「是中國人」這個述詞不述及本身，因為這四個字是文字而不是中國人。現在我們來考慮：「不述及本身」這個述詞會不會述及本身？設此述詞述及本身，則此述詞必定具有其本身所敘述的性質，亦即不述及本身；反之，設此述詞不述及本身，則此述詞必定不具有其本身所述及的性質，亦即述及本身。簡言之，設以「S」表下面語句：

「不述及本身」述及本身。

則可得下面矛盾句

$(S \leftrightarrow \sim S)$

羅素悖論雖有兩種不同形式的敘述，但卻是同樣一個問題。這兩種不同形式的敘述是可以互相轉譯的。一般言之，一個一元述詞可轉譯成一個集合，即具有該述詞所敘述的東西所構成的集合。以符號來表示，設 g 為一元述詞，則 g 可轉譯成下面的集合

$\{x \mid gx\}$

一個二元述詞 f 可轉譯成下面的集合

$\{\langle x, y\rangle \mid fxy\}$

而有序對 $\langle x, y\rangle$ 又可定義成

$\{\{x\}, \{x, y\}\}$

一個 n 元述詞 h 可轉譯成下面集合

$\{\langle x_1, \cdots\cdots, x_n\rangle \mid hx_1 \cdots\cdots x_n\}$

而 $\langle x_1, \cdots\cdots, x_n\rangle$ 又可定義成

$$\langle\langle x_1, \cdots\cdots, x_{n-1}\rangle, x_n\rangle$$

一元述詞 g 述及 y 意即

$$y \in \{x \mid gx\}$$

n 元述詞 h 述及 $y_1, \cdots\cdots, y_n$ 意即

$$\langle y_1, \cdots\cdots, y_n\rangle \in \{\langle x_1, \cdots\cdots, x_n\rangle \mid hx_1 \cdots\cdots x_n\}$$

一元述詞 g 述及本身意即

$$\{x \mid gx\} \in \{x \mid gx\}$$

二、簡化類型論

I、類型論的要點

在羅素悖論導出矛盾句的過程中，我們沒有區別集合或述詞的類型。按照羅素的類型論，我們必須區別個體、個體的集合、個體的集合的集合，……等類型。當我們說 x 屬於 y 或不屬於 y，必須 y 比 x 高一類型，才有意義。個體的類型為 0；若 $x \in y$ 且 x 的類型為 n，則 y 的元素的類型必定為 n，而 y 的類型為 $n+1$。因此，同一集合中的元素的類型必定相同。

若 y 不是恰好比 x 高一類型，則 $x \in y$ 無意義。$x \in y$ 既無意義，則其否定句 $x \notin y$ 也無意義。換言之，在此情形下，不承認 $x \in y$ 是一個 wff❾。

❾ wff 為「完構式」的英文 “well-formed formula” 之縮寫。意為：合於語法的有意義的句式。

根據上述的類型論，$x \in x$ 及 $x \notin x$ 都不是有意義的句式；因為「$\in$」左右兩邊都是「x」，其類型相同。$x \notin x$ 既然不是 wff，則不能用它來敘述一個集合的條件。因此，就不能形成 $\{x \mid x \notin x\}$ 這個集合，而羅素悖論也就無從產生。

同樣的，述詞也要區別類型。個體的類型為 0，述及個體的述詞的類型為 1，……依此類推。設 g 述及 x，且 x 的類型為 n，則 g 的類型為 $n+1$。若 g 不是比 x 恰好高一類型，則「g 述及 x」及「g 不述及 x」均無意義。準此，則「g 不述及 g」不是有意義的語句，因為 g 和 g 的類型相同。因此，「不述及本身」不是有意義的述詞，而羅素悖論也就無從產生[10]。

羅素所提出的類型論有兩個，一個是簡單類型論 (simple theory of types)，另一個是分枝類型論 (ramified theory of types)。因為前者比較簡單；而且要避免羅素悖論，只須前者即可，不必用到後者。因此，本文所討論的類型論只限於簡單類型論而不涉及分枝類型論。其實本文所要指出的類型論的優點及缺點，都是兩種類型論所共同的。

---

[10] 關於羅素的類型論，參閱下列文獻：

① Russell, Bertrand, *Principles of Mathematics*, 2nd ed. (New York, 1938), pp. 523–528.

② Russell, Bertrand, "Mathematical logic as based on the theory of types," *American Journal of Mathematics*, Vol. 30 (1908), pp. 222–262.

③ Whitehed, A. N. and B. Russell, *Principia Mathematica*, Vol. I (London, 1910), pp. 187–230.

II、類型論的公設化

類型符號（做為變元及常元的足碼）：

(i) o 和 ι 皆為類型符號；

(ii) 若 α、β 為類型符號，則 $(\alpha\beta)$ 為類型符號。

（注意：o 為句式之類型，ι 為個體之類型。）

基本符號（下面(i)(ii)中的 α 指任意類型）：

(i) 變元：$f_\alpha, g_\alpha, x_\alpha, y_\alpha, z_\alpha, f'_\alpha, g'_\alpha$

(ii) 常元：$N_{(oo)}, A_{((oo)o)}, \Pi_{(o(ox))}, \iota_{(\alpha(o\alpha))}$

(iii) λ, (,)

形成規則：

(i) 一個單獨的變元或常元是 wf，而以其足碼為其類型；

(ii) 若 $A_{\alpha\beta}$ 和 B_β 都是 wf，其類型分別為 $(\alpha\beta)$ 及 β，則 $(A_{\alpha\beta}B_\beta)$ 是 wf，其類型為 α；

(iii) 若 A_α 是 wf，其類型為 α，a_β 是變元，其類型為 β，則 $(\lambda a_\beta A_\alpha)$ 是 wf，其類型為 $(\alpha\beta)$。

一個變元 a_β，若出現於某一 wf$(\lambda a_\beta A_\alpha)$ 之中，則該變元的此一出現是拘限的；反之，一個變元 a_β 的某一出現，若不在 wf$(\lambda a_\beta A_\alpha)$ 之中，則該變元的此一出現是自由的。

由基本符號與類型符號所構成的一串符號，若為 wf 且其類型為 o，則這一串符號為 wff。

定義（下面 $A_\alpha, B_\alpha, C_\alpha$ 表示類型為 α 且 wf 的任意一串符號）：

(i) $\sim A_o : (N_{(oo)} A_o)$

(ii) $(A_o \vee B_o) : ((A_{((oo)o)} A_o) B_o)$

(iii) $(A_o \wedge B_o) : \sim(\sim A_o \vee \sim B_o)$

(iv) $(A_o \rightarrow B_o) : (\sim A_o \vee B_o)$

(v) $(a_\alpha) B_o : (\Pi_{(o(o\alpha))} (\lambda a_\alpha B_o))$

(vi) $(\exists a_\alpha) B_o : \sim(a_\alpha) \sim A_o$

(vii) $(\imath a_\alpha) B_o : (\iota_{(\alpha(o\alpha))} (\lambda a_\alpha B_o)$

(viii) $Q_{((o\alpha)\alpha)} : (\lambda x_\alpha (\lambda y_\alpha (f_{o\alpha})((f_{o\alpha} x_\alpha) \rightarrow (f_{o\alpha} y_\alpha))))$

(ix) $(A_\alpha = B_\alpha) : ((Q_{((o\alpha)\alpha)}) A_\alpha)(B_\alpha)$

公設：

(i) $((x_o \vee x_o) \rightarrow x_o)$

(ii) $(x_o \rightarrow (x_o \vee y_o))$

(iii) $((x_o \vee y_o) \rightarrow (y_o \vee x_o))$

(iv) $((x_o \rightarrow y_o) \rightarrow ((z_o \vee x_o) \rightarrow (z_o \vee y_o)))$

(v) $(\Pi_{(o(o\alpha))} f_{o\alpha} \rightarrow f_{o\alpha} x_\alpha)$

(vi) $((x_\alpha)(y_o \vee f_{o\alpha} x_\alpha) \rightarrow (y_o \vee \Pi_{(o(o\alpha))} f_{o\alpha}))$

(vii) $((x_\beta)(f_{\alpha\beta} x_\beta = g_{\alpha\beta} x_\beta) \rightarrow (f_{\alpha\beta} = g_{\alpha\beta}))$

(viii) $(f_{o\alpha} x_\alpha \rightarrow f_{o\alpha} \iota_{(\alpha(o\alpha))} f_{o\alpha}))$

推論規則：

(i) 設 A_α 為一個 wff 中的一部分，a_β 不出現於 A_α，b_β 不是 A_α

中的自由變元。我們可以用 a_β 取代 A_α 中的每一個 b_β。

(ii) 設 $(\lambda a_\alpha A_\beta)B_\alpha$ 為一個 wff 中的一部分，a_α 不是 A_β 中的拘限變元，B_α 中的自由變元也都不是 A_β 中的拘限變元，A'_β 是以 B_α 取代 A_β 中的每一個 a_α 所得的結果。我們可用 A'_β 取代該 wff 中的 A_β。

(iii) 設使用一次推論規則(ii)可由 B_o 導出 A_o，則由 A_o 可導出 B_o。

(iv) 設變元 a_α 不是 $A_{o\alpha}$ 中的自由變元。由 $A_{o\alpha}a_\alpha$ 可導出 $A_{o\alpha}B_\alpha$。

(v) 由 $(A_o \rightarrow B_o)$ 和 A_o 可導出 B_o。

(vi) 設變元 a_α 不是 $A_{o\alpha}$ 中的自由變元，則由 $A_{o\alpha}a_\alpha$ 可導出 $\Pi_{(o(o\alpha))}A_{o\alpha}$[11]。

ι 為個體之類型，故 g_ι 為個體變元。設 f 為一階一元述詞變元。f 之後跟隨著 g_ι 為一句式，而句式的類型為 o；故根據形成規則(ii)，f 的類型必須為 $(o\iota)$。故一階一元述詞變元 f 必須寫成 $f_{(o\iota)}$。

設 f 為一階二元述詞變元。f 之後跟隨著兩個個體變元 g_ι 和 g'_ι 為一句式；故根據形成規則(ii)，f 之後跟隨著 g_ι 的類型必須為 $(o\iota)$，而 f 的類型必須為 $((o\iota)\iota)$。故一階二元述詞變元 f 必須寫成 $f_{((o\iota)\iota)}$，而整個句式必須寫成 $f_{((o\iota)\iota)}g_\iota g'_\iota$。

設 f 為二階一元述詞變元，g 為一階一元述詞變元。因為 g 的類型為 $(o\iota)$，故根據形成規則(ii)，f 的類型必須為 $(o(o\iota))$。故二階一元述詞

[11] 參閱 Church, Alonzo, "A formulation of the simple theory of types," *Journal of Symbolic Logic*, Vol. 5 (1940), pp. 56–68. 及 Henkin, Leon, "Completeness in the theory of types," *Journal of Symbolic Logic*, Vol. 15 (1950), pp. 81–91.

變元 f 必須寫成 $f_{(o(o\iota))}$，而整個句式必須寫成 $f_{(o(o\iota))}g_{(o\iota)}$。

設 g 為 n 階述詞變元，其類型為 α，f 為 n+1 階一元述詞，則 f 的類型必為 $(o\alpha)$。

按照形成規則(ii)，要在一個一元述詞變元 $f_{(o\alpha)}$ 之後跟隨著變元 g，則 g 的類型必須為 α，否則所寫成的一串符號並非 wff。因此，任何述詞變元 g_α 之後跟隨著 g_α 本身，並非 wff，而只是一串無意義的符號排列而已；因為 g_α 和 g_α 的類型相同，$g_\alpha g_\alpha$ 既非 wff，則 $\sim g_\alpha g_\alpha$ 也不是 wff。換言之，我們說 g_α 述及本身或不述及本身，均無意義。簡言之，「述及本身」一詞並不是一個 wf 的述詞。

III、類型論的缺點

(i) 第二節第 I 小節中，我們曾指出：同一集合中的元素的類型必定相同。按照類型論，我們不能把類型不同的元素構成一個集合，如：{a, b, {a, b}}。但這種集合有時是必要的。例如：{x|x 有兩個元素} 為所有含有兩個元素的集合所構成的集合；因此，{a, b}, {b, c}，……個體的集合固然是 {x|x 有兩個元素} 的元素，{{a}, {b}}, {{a, b}, {c}} ……等個體的集合的集合也是 {x|x 有兩個元素} 的元素。這個集合含有不同類型的元素。

根據類型論，同一個述詞也不可同時述及兩個類型不同的述詞。假定 g_α 和 g'_β 兩個類型不相同的述詞具有一個共同性質，f 是敘述此共同性質的述詞，根據類型論，我們不能用 f 同時述及 g_α 和 g'_β，而必須分別用不同類型的 $f_{(o\alpha)}$ 及 $f'_{(o\beta)}$ 來述及 g_α 和 g'_β。因而不能顯示 f 和 f′ 所敘述的性質是相同的。

(ii) 根據類型論，我們不能有一個含有一切個體及集合的宇集 V；因為同一個集合中不能含有不同類型的元素。因此，每一類型有一個宇集：所有個體所構成的宇集、個體的集合所構成的宇集、個體的集合的集合所構成的宇集，……等等，共有無限多個宇集。

(iii) 根據類型論，我們必須有無限多個空集合。因為除了個體所構成的宇集之外，其他類型的宇集都含有空集合，不同類型的宇集所含的空集合的類型必須不同。因此，每一類型有一個空集合。

(iv) 設 x 為任一集合，根據類型論，x 的補集～x 不是由 x 的元素以外的一切個體和集合所構成的集合，而是由 x 的元素以外的一切比 x 低一類型的個體或集合所構成的集合。

(v) 從上面的(i)～(iv)，我們可以看出：布爾類代數 (Boolean class algebra) 無法同時適用於一切集合，而只能適用於一個類型的集合。布爾類代數可寫成下列九個公設：

A1　$(x)(x \cup \Lambda = x)$

A2　$(x)(x \cap V = x)$

A3　$(x)(y)(x \cup y = y \cup x)$

A4　$(x)(y)(x \cap y = y \cap x)$

A5　$(x)(y)(z)(x \cup (y \cap z) = (x \cup y) \cap (x \cup z))$

A6　$(x)(y)(z)(x \cap (y \cup z) = (x \cap y) \cup (x \cap z))$

A7　$(x)(x \cup \sim x = V)$

A8　$(x)(x \cap \sim x = \Lambda)$

A9　$(\exists x)(\exists y)(x \neq y)$

這些公設中的「V」、「Λ」、「～」等符號之所指既然因集合類型之不同而不同，則 A1～A9 只能適用於一個類型的集合，而不能適用於一切集合。

(vi) 算術上的概念可用集合的概念來定義。例如：把「0」定義為空集合所構成的集合，把「1」定義為所有只有一個元素的集合所構成的集合，把「2」定義為所有恰有兩個元素的集合所構成的集合，……等等，依此類推。根據類型論，每一個類型有一個空集合，每一個類型有一個由恰有一個元素的集合所構成的集合，……等等；因此，每一個類型有一個「0」，每一個類型有一個「1」，……等等，「2」、「3」、「4」、……等依此類推。換言之，「0」、「1」、「2」、……等都各有無限多個，且其間互不相同。

由(i)～(vi)可見：類型論在應用上極為不便，理論的展開也極複雜。

三、傑美樂－佛蘭克系統（ZF 系統）

I、傑美樂－佛蘭克系統的公設

下面公設是傑美樂 (Ernst Zermelo) 於 1908 年所提出⓬，而經過佛蘭克 (A. A. Fraenkel) 和史格廉 (T. Skolem) 修訂而成的：

Z1 $(x)(y)(x = y \rightarrow (w)(x \in w \rightarrow y \in w))$

Z2 $(y)(z)(\exists w)(x)(x \in w \leftrightarrow (x = y \vee x = z))$

Z3 設 y 不出現於 Fx 之中則

$(z)(\exists y)(x)(x \in y \leftrightarrow (x \in z \wedge Fx))$

Z4 $(z)(\exists y)(x)(x \in y \leftrightarrow (w)(w \in x \rightarrow w \in z))$

⓬ 參閱 Zermelo, Ernst, “Untersuchungen über die Grundlagen der Mengenlehre,” *Mathematische Annalen*, 65 (1908), pp. 261–281.

Z5 $(z)(\exists y)(x)(x \in y \leftrightarrow (\exists w)(x \in w \wedge w \in z))$

Z6 $(x)[(y)(z)\{(y \in x \wedge z \in x) \rightarrow [(\exists w)w \in y \wedge \sim(\exists w)(w \in y \wedge w \in z)]\} \rightarrow (\exists u)(y)\{y \in x \rightarrow (\exists v)(t)[t = v \leftrightarrow (t \in u \wedge t \in y)]\}]$

Z7 $(\exists z)[\Lambda \in z \wedge (x)(x \in z \rightarrow \{x\} \in z)]$

Z8 $[(\exists x)Fx \rightarrow (\exists y)[Fy \wedge (z) \sim (z \in y \wedge Fz)]]$

Z9 $\{[(x)(y)(z)(w)[(Fxz \wedge Fyw) \rightarrow (x = y \leftrightarrow z = w)] \wedge (\exists x)(u)(u \in x \leftrightarrow (\exists v)Fuv)] \rightarrow (\exists y)(v)(v \in y \leftrightarrow (\exists u)Fuv)\}$

II、ZF 系統的含意

羅素悖論之所以產生，除了沒有區分類型之外，另一個原因是我們承認下面的原則：

任意性質 F，我們可以把一切具有性質 F 的東西構成一個集合，即 $\{x \mid Fx\}$。以符號式表示，即：

Z3′ $(\exists y)(x)(x \in y \leftrightarrow Fx)$

若「F」所敘述的性質為「不屬於本身」，則上式即成為：

$(\exists y)(x)(x \in y \leftrightarrow x \notin x)$

由此式可導出矛盾句

$(b \in b \leftrightarrow b \notin b)$

其推論如下⓭：

{1} (1)　$(\exists y)(x)(x \in y \leftrightarrow x \notin x)$　　P

⓭ 本文所採用的記號法及推論規則，參閱拙著《邏輯》(三民書局 1970 年 9 月初版，2020 年 11 月四版)。

{2} (2) $(x)(x \in a \leftrightarrow x \notin x)$ P

{2} (3) $(a \in a \leftrightarrow a \notin a)$ 2, US

{2} (4) $(b \in b \leftrightarrow b \notin b)$ 3, SI

{1} (5) $(b \in b \leftrightarrow b \notin b)$ 1, 2, 4ES

類型論根本不承認 $x \notin x$ 為有意義的 wff ，因而避免了羅素的悖論。ZF 系統則承認 $x \notin x$ 為 wff，但把 Z3′ 改成 Z3，因而避免了羅素悖論。由

$$(z)(\exists y)(x)(x \in y \leftrightarrow (x \in z \wedge x \notin x))$$

導不出矛盾句，而只導出

$$(x)(\exists y)y \notin x$$

其推論如下：

{1} (1) $(z)(\exists y)(x)(x \in y \leftrightarrow (x \in z \wedge x \notin x))$ P

{1} (2) $(\exists y)(x)(x \in y \leftrightarrow (x \in a \wedge x \notin x))$ 1, US

{3} (3) $(x)(x \in c \leftrightarrow (x \in a \wedge x \notin x))$ P

{3} (4) $(c \in c \leftrightarrow (c \in a \wedge c \notin c))$ 3, US

{3} (5) $c \notin a$ 4, SI

{3} (6) $(\exists y)y \notin a$ 5, EG

{1} (7) $(\exists y)y \notin a$ 2, 3, 6, ES

{1} (8) $(x)(\exists y)y \notin x$ 7, UG

這個結論的意思是說：任意一個集合 x，至少有一個 y 不屬於 x；換言之，沒有一個含有一切個體及集合的宇集。

此外，由這個結論以及 Z2, Z5 可導出

$$(z)\sim(\exists y)(x)(x \in y \leftrightarrow x \notin z)$$

其推論如下：

{1}	(1)	$(x)(\exists y)y \notin x$	P
{2}	(2)	$(y)(z)(\exists w)(x)(x \in w \leftrightarrow (x = y \vee x = z))$	P
{3}	(3)	$(z)(\exists y)(x)(x \in y \leftrightarrow (\exists w)(x \in w \wedge w \in z))$	P
{4}	(4)	$\sim(z)\sim(\exists y)(x)(x \in y \leftrightarrow x \notin z)$	P
{4}	(5)	$(\exists z)(\exists y)(x)(x \in y \leftrightarrow x \notin z)$	4, Q
{6}	(6)	$(\exists y)(x)(x \in y \leftrightarrow x \notin a)$	P
{7}	(7)	$(x)(x \in b \leftrightarrow x \notin a)$	P
{2}	(8)	$(\exists w)(x)(x \in w \leftrightarrow (x = a \vee x = b))$	2, US
{9}	(9)	$(x)(x \in c \leftrightarrow (x = a \vee x = b))$	P
{3}	(10)	$(\exists y)(x)(x \in y \leftrightarrow (\exists w)(x \in w \wedge w \in c))$	3, US
{11}	(11)	$(x)(x \in d \leftrightarrow (\exists w)(x \in w \wedge w \in c))$	P
{1}	(12)	$(\exists y)y \notin d$	1, US
{13}	(13)	$e \notin d$	P
{11}	(14)	$(e \in d \leftrightarrow (\exists w)(e \in w \wedge w \in c))$	11, US
{11, 13}	(15)	$\sim(\exists w)(e \in w \wedge w \in c)$	13, 14, SI
{11, 13}	(16)	$(w)\sim(e \in w \wedge w \in c)$	15, Q
{11, 13}	(17)	$\sim(e \in a \wedge a \in c)$	16, US
{11, 13}	(18)	$\sim(e \in b \wedge b \in c)$	16, US
{9}	(19)	$(a \in c \leftrightarrow (a = a \vee a = b))$	9, US
{9}	(20)	$(b \in c \leftrightarrow (b = a \vee b = b))$	9, US
Λ	(21)	$a = a$	I
Λ	(22)	$b = b$	I

{9}	(23)	$a \in c$	19, 21, SI
{9}	(24)	$b \in c$	20, 22, SI
{9, 11, 13}	(25)	$e \notin a$	17, 23, SI
{9, 11, 13}	(26)	$e \notin b$	18, 24, SI
{7}	(27)	$(e \in b \leftrightarrow e \notin a)$	7, US
{7, 9, 11, 13}	(28)	$(e \in b \wedge e \notin b)$	25, 26, 27, SI
{7, 9, 11, 13}	(29)	$(f \in g \wedge f \notin g)$	28, SI
{1, 7, 9, 11}	(30)	$(f \in g \wedge f \notin g)$	12, 13, 29, ES
{1, 3, 7, 9}	(31)	$(f \in g \wedge f \notin g)$	10, 11, 30, ES
{1, 2, 3, 7}	(32)	$(f \in g \wedge f \notin g)$	8, 9, 31, ES
{1, 2, 3, 6}	(33)	$(f \in g \wedge f \notin g)$	6, 7, 32, ES
{1, 2, 3, 4}	(34)	$(f \in g \wedge f \notin g)$	5, 6, 33, ES
{1, 2, 3}	(35)	$(z)\sim(\exists y)(x)(x \in y \leftrightarrow x \notin z)$	4, 34, RAA

這個結論的意思是：任何集合都沒有補集。

ZF 系統之所以能夠避免羅素悖論乃是因為在 Z3′ 上加了一層限制。它不承認：對任意性質 F 均可構成一個含有一切具有性質 F 的東西的集合；它只承認：從某一集合中，可選出一切具有性質 F 的元素構成集合。因此，如果沒有任何集合存在，則根據 Z3 不能構成任何集合（除了空集合之外）。我們必須預知有一個集合 z 存在，然後才能從 z 中選出具有性質 F 的元素構成集合 y。那麼，在 ZF 系統中到底能不能證出有集合存在呢？Z1 只敘述兩個集合互相等同的含意，Z2, Z4～Z9 都只肯定可由已存在的集合構成另一集合而已。真正開始肯定有集合存在的還是 Z3，它肯定了空集合的存在。因為若 Z3 中的「F」所敘

述的性質是「不等同於本身」，則 Z3 即成為

$$(z)(\exists y)(x)(x \in y \leftrightarrow (x \in z \wedge x \neq x))$$

而由此式可導出

$$(\exists y)(x)x \notin y$$

其推論如下：

{1}	(1)	$(z)(\exists y)(x)(x \in y \leftrightarrow (x \in z \wedge x \neq x))$	P
{1}	(2)	$(\exists y)(x)(x \in y \leftrightarrow (x \in a \wedge x \neq x))$	1, US
{3}	(3)	$(x)(x \in b \leftrightarrow (x \in a \wedge x \neq x))$	P
{3}	(4)	$(c \in b \leftrightarrow (c \in a \wedge c \neq c))$	3, US
Λ	(5)	$c = c$	I
{3}	(6)	$c \notin b$	4, 5, SI
{3}	(7)	$(x)x \notin b$	6, UG
{3}	(8)	$(\exists y)(x)x \notin y$	7, EG
{1}	(9)	$(\exists y)(x)x \notin y$	2, 3, 8, ES

這個結論的意思是：有一個不含任何元素的集合；換言之，有空集合存在。

有了空集合之後，無法再用 Z3 構成其他集合；因為由空集合中選出具有性質 F 的元素所構成的集合仍然是空集合。要構成其他集合，須用到 Z4～Z9。首先，根據 Z7，有了空集合 Λ，就有無限集合 {Λ, {Λ}, {{Λ}}, {{{Λ}}}, ……}。其次，根據 Z2，有了 Λ，就有兩個元素的集合 {Λ, Λ}，因 Λ = Λ，故 {Λ, Λ} = {Λ}。再根據 Z4，可由 {Λ} 構成 {Λ, {Λ}}。依此類推，反覆使用 Z2～Z9 可得到無限多個集合。

III、ZF 系統與類型論的比較

(i) 類型論在形成規則限制了羅素悖論的產生，由於此項限制，使得形成規則，甚至整個公設系統變得極端複雜。ZF 系統則在公設中限制了羅素悖論，形成規則簡單的多。

(ii) ZF 系統因為 Z3 對構作集合的限制，使得集合的構作程序極其麻煩而不自然，類型論則無此缺點。

(iii) ZF 系統避免第二節第 III 小節(i)中所列的類型論的缺點。

(iv) 類型論沒有一個總含一切的宇集，但每一類型有一宇集；ZF 系統則無宇集。

(v) 在類型論，補集的範圍受有限制；在 ZF 系統則根本沒有補集。

(vi) 類型論每一類型有一個空集合；ZF 系統則只有一個空集合。

(vii) 在類型論，布爾類代數只能適用於一個類型的集合，而不能適用於一切集合；在 ZF 系統中，布爾類代數根本不能適用，因為 ZF 系統沒有宇集 V 和補集～X。

(viii) 根據類型論來定義算術符號，會有無限多個不相同的「0」，互不相同的「1」，……等等。在 ZF 系統中則無此弊。

四、槐恩的 NF 系統

I、NF 系統的公設及其含意

槐恩 (Willard Van Orman Quine) 在 1937 年發表一篇著名的論文叫做 “New Foundations for Mathematical Logic”[14]，提出了新的集合論

[14] Quine, W. V., “New foundations for mathematical logic,” *American Mathematical*

系統，通常簡稱為「NF 系統」。我們若將其中初階述詞邏輯的公設略去，則有關集合論的公設有下列兩個：

NF1′ $((x \subset y) \rightarrow ((y \subset x) \rightarrow (x = y)))$

NF2′ 設 ϕ 為一句式，其中不含變元「x」。$(\exists x)(y)((y \in x) \leftrightarrow \phi)$

NF2′ 若不加限制，則會產生羅素悖論。因為若令 ϕ 為「$y \notin y$」，則 NF2′ 成為：

$(\exists x)(y)((y \in x) \leftrightarrow (y \notin y))$

而此式會導致羅素悖論已如第三節第 II 小節所證。因此，槐恩乃對 NF2′ 中的 ϕ 加以限制：在 ϕ 中所出現的「$\in$」，其右邊所列的集合必須比左邊所列集合恰好高一階層。但是，在 NF 系統中並沒有像類型論那樣每一變元及述詞都註明其類型，我們如何判定「$x \in y$」中的「y」是否恰好比「x」高一階層呢？對此，槐恩只要求：在 NF2′ 的 ϕ 中不要出現階層紊亂的情形。例如：在 ϕ 中既出現「$x \in y$」，又出現「$y \in x$」，則為階層紊亂；「y」比「x」高一階層，而「x」又比「y」高一階層。又如：在 ϕ 中同時出現「$x \in y$」，「$x \in z$」，「$y \in z$」，也是階層紊亂；因為「y」和「z」既然都比「x」高一階層，則彼此在同一階層，但又有「$y \in z$」，z 必須比 y 高一階層。因此，只要我們能夠對 ϕ 中的每一變元都賦予一數值（自然數），使任何 $\in$ 的右邊的變元的數值都比左邊的數值多 1，則 ϕ 中的變元即可認為是階層分明的。

有了這個限制之後，ϕ 中就不會有「$(y \in y)$」，因而也就不會有「$(y \in y)$」的否定句「$(y \notin y)$」了。如此，則可避免羅素悖論。

現在，我們把 NF2′ 改成下面的 NF2，並根據「$\subset$」的定義⓯把

Monthly, 44 (1937), pp. 70–80.

NF1′ 改成下面的 NF1：

NF1 $(w)(w \in x \leftrightarrow w \in y) \rightarrow x = y$

NF2 設 ϕ 為一句式，其中不含變元「x」，且其中所含變元階層分明。$(\exists x)(y)((y \in x) \leftrightarrow \phi)$

II、NF 系統的優點及缺點

NF 系統不在形成規則上區分類型，因此避免了第二節第 III 小節所列的類型論的一切缺點。另一方面，NF 系統因為有 NF2，可按照性質構作集合；因此，構作集合不像 ZF 系統那樣麻煩與不自然。在 NF 系統中，有宇集、補集、空集合，而且布爾類代數可適用於一般集合。

NF 系統雖然避免了類型論和 ZF 系統的缺點，但它本身卻有下述缺點**：

(i) NF 系統與選擇公設衝突，亦即與 ZF 系統中的 Z6 衝突。Ernst Specker 曾證明：若在 NF 系統中加上選擇公設，則所得系統變成不一致⓰。

⓯ 按照 Quine 的定義 7，「$\subset$」的定義如下：
$(\alpha \subset \beta)$ for $(\gamma)((\gamma \in \alpha) \supset (\gamma \in \beta))$

** 這些缺點，在 Ronald Björn Jensen 的 NFU 系統中已得到改善。在 NFU 中，NF1 改成：

$(\exists z) z \in x \wedge (w)(w \in x \leftrightarrow x \in y) \rightarrow x = y$

經過如此修改之後，NFU 與選擇公設不再衝突，而且 NFU 的一致性可得證明。但由 NFU 卻無法證出無限公設。關於 NFU 系統，請閱 R. B. Jensen, "On the Consistency of a Slight (?) Modification on Quine's New Foundations," in D. Davidson and J. Hintikka (eds.), *Words and Objections* (New York, 1969), pp. 278–291.

(ii) NF 系統是否一致而不矛盾，頗為可疑。雖然沒有人證明它不一致，但 J. B. Rosser 和王浩曾證明：NF 系統沒有標準模型⓱。至於是否有非標準模型，則是未解決的問題。

(iii) 在 NF 系統中，要建立數學歸納法的原理，會遭遇難以避免的困難。在 NF 系統中，我們雖然能證明出含有一切集合的宇集的存在；而且無限多個集合之中，每一個集合都有一特別的定理證明其存在。然而，我們迄今尚未能證明宇集是個無限集合；也未能證明無限集合的存在。我們迄今未能證明：每一自然數 n，必存有一集合有 n 個元素。換言之，我們未能證明無限公設。因此，除非我們能證明存有一集合含有 m + 1 個元素，否則我們無法證明下面的皮亞諾公設 (Peano axiom)：

若 m 和 n 的後繼者相等同，則 m 和 n 相等同⓲。

五、范諾耶曼－勃納斯－葛代爾系統（NBG 系統）

I、NBG 系統的公設及其含意

⓰ 參閱 Specker, Ernst, "The axiom of choice in Quine's New foundations for mathematical logic," *Proceedings of the National Academy of Sciences*, 39 (1953), pp. 972–975.

⓱ 參閱 Rosser, J. B., and Hao Wang, "Non-Standard models for formal logic," *Journal of Symbolic Logic*, Vol. 15 (1950), pp. 113–129.

⓲ 參閱 Rosser, J. B., "On the consistency of Quine's 'New foundations for mathematical logic'," *Journal of Symbolic Logic*, Vol. 4 (1939), pp. 15–24 及 Rosser, J. B., "Definition by induction in Quine's 'New foundations for mathematical logic'," Ibid., pp. 80–81.

這個系統是范諾耶曼 (J. von Neumann) 1925 年所提出⓳。經過勃納斯 (Paul Bernays) 1937 年及葛代爾 (Kurt Gödel) 1940 年的修訂而成的⓴。簡稱「NBG 系統」。

NBG 系統把任意元素所構成的東西叫做「類」。類可分成兩種：一種可為類的元素，叫做「集合」；另一種不可成為類的元素，叫做「真類」。設以「S」表一元述詞「是集合」，以「P」表一元述詞「是真類」，則「S」和「P」可定義如下：

$Sx: (\exists y)x \in y$

$Px: (y)x \notin y$

注意：在 NBG 系統中沒有個體，只有類，故上面式中的「x」「y」之值必定為類。

既然只有集合才可成為類的元素；因此，若要把具有某一性質的東西（或類）構成一個類，則只有具有該性質的集合才能選出來做為類的元素，真類不能選出來做為類的元素。因此，我們把第三節第 I 小節中的 Z3′ 改成：

$$(\exists y)(x)(x \in y \leftrightarrow (Sx \wedge Fx))$$

若「F」所做敘述的性質為「不屬於本身」，則上式變成

$$(\exists y)(x)(x \in y \leftrightarrow (Sx \wedge x \notin x))$$

⓳ 參閱 Neumann, J. von, “Eine Axiomatisierung der Mengenlehre,” *Journal für reine und angewandte Mathematik*, 154 (1925), pp. 219–240; 155 (1926), p. 128.

⓴ Bernays, Paul, “A system of axiomatic set theory,” *Journal of Symbolic Logic*, Vol. 2 (1937), pp. 65–77; Vol. 6 (1941), pp. 1–17; Vol. 7 (1942), pp. 65–89, 133–145; Vol. 8 (1943), pp. 89–106; Vol. 13 (1948), pp. 65–79; Vol. 19 (1954), pp. 81–96.

由此式可導出

$(\exists y)\sim Sy$

其推論如下：

{1}(1)	$(\exists y)(x)(x \in y \leftrightarrow (Sx \wedge x \notin x))$	P
{2}(2)	$(x)(x \in a \leftrightarrow (Sx \wedge x \notin x))$	P
{2}(3)	$(a \in a \leftrightarrow (Sa \wedge a \notin a))$	2, US
{2}(4)	$\sim Sa$	3, SI
{2}(5)	$(\exists y)\sim Sy$	4, EG
{1}(6)	$(\exists y)\sim Sy$	1, 2, 5, ES

這個結論的意思是：有些類不是集合，亦即有真類存在。可見由上式導不出矛盾句，只導出：不屬於本身的類所構成的類是真類而不是集合，它不能成為任何類的元素。

II、NBG 系統與 ZF 系統的比較

在 ZF 系統中可建構出來的集合，即為 NBG 系統中可成為類元素的集合。在 ZF 中沒有宇集存在；在 NBG 中含有一切集合的宇類，其本身是真類而不是集合，不能成為類的元素。

第三篇　瑞姆濟的理論性概念消除法

一、前　言

1930 年 2 月 19 日，劍橋大學數學講師瑞姆濟 (Frank Pumpton Ramsey) 以 27 歲的英年去世。他的同事一致認為這是學術界的重大損失。經濟學家凱因斯 (John M. Keynes) 在追悼文中指出：瑞姆濟的主要興趣雖在數學與哲學，但他的英年早逝卻是理論經濟學的一大損失。他在二十四、五歲發表了兩篇經濟學論文。其中一篇題目叫做〈儲蓄的數學理論〉，凱因斯認為是有史以來數理經濟學的最重要貢獻之一❶。在哲學與邏輯方面，他也留下了幾篇非常重要的論文。目前有關信念、真理、知識、或然率等哲學問題的一些重要學說，可以在他的論文中找到根源。

他去世後，他的好友劍橋大學教授布萊斯威特 (Richard Bevan Braithwaite) 為他編了一部論文集，書名叫做《數學基礎及其他邏輯論文》❷，收集他所寫過的文字，其中有發表過的論文，有未發表的文稿。只有上面提到的那兩篇經濟學論文沒有收集在文集之內。在未發表的文稿中，有一篇題目叫做〈理論〉("Theories")❸。在這篇文稿

---

❶ 參看瑞姆濟著《數學基礎及其他邏輯論文》，pp. x–xi。

❷ 此書英文原名是 *The Foundations of Mathematics and Other Logical Essays*。參看本文後面的參考書目。

中，他提出一種消除理論性概念 (theoretical concepts) 的方法。這種方法在科學哲學及形上學的涵義引起了許多討論。本論文的目的就是要對這些問題做詳細的探討。

但是在探討這些問題之前，必須先說明：什麼叫做「理論性概念」？消除理論性概念的動機何在？在說明這些問題之前，又必須先簡述科學理論的功能與模式。以下即將對這些問題依次加以說明與討論。

二、科學理論的功能與模式

科學的目的不僅是記錄單獨的事件或現象（以後簡稱為「事象」），而是要進一步尋求一般性的定律，用以說明或推測單獨事象。例如：只把曾經發生過的地震做詳細的記錄，尚不能成為科學；必須從這些記錄中尋求出有關地震的定律，才是科學。科學理論乃是由科學定律所構成的，它們的功能主要在說明或推測單獨事象的發生。

在科學上，我們常常企圖對某一事象之所以發生的道理加以說明。這種說明叫做「科學說明」(scientific explanations)。現在讓我們先來考察幾個科學說明的實例；然後根據這些例子，分析科學說明的基本模式，以及它必須具備的條件。

〔**例一**〕把冰塊放進玻璃杯，不久玻璃杯的外面就會產生一些水分。這是為什麼？

對於這個事象，我們可以說明如下：

玻璃杯裝了冰塊之後，它的溫度就會下降；空氣中含有水蒸汽，水蒸汽接觸到相當低溫的表面就會凝結成液體。因此，玻璃杯周圍的空氣中的水蒸汽接觸到冷玻璃杯，就凝結成液體附著於玻璃杯上。

---

❸ 參看前書 pp. 212–236。

〔**例二**〕把水銀溫度計插入熱水之內，溫度計內的水銀柱會先下降少許，然後急遽上昇。

這個事象可說明如下：

溫度計插入熱水之中，首先與熱水接觸的是溫度計的玻璃管。玻璃管因受熱而膨脹，其容積也隨著增大。因此，水銀柱即行下降。片刻之後，熱水的熱經玻璃的傳導，到達玻璃管內的水銀。因為水銀的膨脹係數比玻璃大得多，因此受熱之後即急遽上昇，玻璃管容積的增大無法抵消水銀柱的膨脹。

我們細心考察上面兩個例子，就會發現：當我們對某一事象做科學說明的時候，必須利用普遍定律 (general laws)。在第一個例子中，我們至少利用到下列幾個普遍定律：

(1) 玻璃會傳遞熱；

(2) 空氣中含有水蒸汽；

(3) 水蒸汽遇冷會凝結成液體。

第二個例子用到下列的普遍定律：

(1) 玻璃會傳遞熱；

(2) 物體遇熱會膨脹；

(3) 水銀的膨脹係數比玻璃大。

說明某一事象時，雖然必須利用一些普遍定律；但是單靠普遍定律並不能說明事象。比如：在第二個例子中，只從上面所列舉的三個普遍定律，並不能推出「水銀柱先行下降，然後上昇」的結論。要得到這個結論，必須具備若干條件。這些條件是：

(1) 這個溫度計是一個裝有水銀的玻璃管；

(2) 溫度計被插入熱水之內。

這些條件如果不具備，則儘管上面那三個普遍定律能夠成立，也不會發生水銀柱先下降後上昇的現象。例如：假如條件(2)不具備，則溫度計仍然隨著外界空氣的溫度而昇降，不一定會發生先下降後上昇的現象。假如條件(1)不具備（比如說：玻璃管內裝的不是水銀，而是比玻璃的膨脹係數小的液體；或者溫度計的管子不是用玻璃，而是用比水銀的膨脹係數更大的物質做成的），那麼即使普遍定律(3)能夠成立，管內的液體下降之後不一定會上昇。

上面所說的這些條件，都必須在事象發生之前即已具備，至遲也必須在事象發生之時同時具備；否則該事象即不一定會發生。因此，這些條件，我們稱之為「先行條件」(antecedent conditions)。

為了敘述的方便起見，我們約定以 $L_1, L_2, \cdots\cdots, L_n$ 表示普遍定律，以 $C_1, C_2, \cdots\cdots, C_m$ 表示先行條件，以 E 表示「事象 A 發生」。如果以 $L_1, L_2, \cdots\cdots, L_n$ 和 $C_1, C_2, \cdots\cdots, C_m$ 為前提，可推出結論 E，則我們只將 $L_1, L_2, \cdots\cdots, L_n, C_1, C_2, \cdots\cdots, C_m$ 和推論過程列出，就算回答了「事象 A 何以會發生？」的問題。簡言之，在科學上，問我們「為什麼會發生事象 A？」意思是要我們回答：根據那些普遍定律，由那些先行條件，經過如何的推論程序，可以得到「事象 A 發生」的結論。詳言之，當我們要對「事象 A 何以會發生？」這一問題做科學說明時，須要列出下列三項：

(1) 普遍定律；

(2) 先行條件；

(3) 以(1)、(2)為前提，「事象 A 發生」為結論的推論過程。

從上面的分析，可知一個切當的科學說明，必須具備下列條件。

這些條件叫做「科學說明的切當條件」。

(1) 以普遍定律及先行條件為前提，必須能推出「事象 A 發生」的結論。換言之，由前提到結論的推論必須是正確的。

(2) 必須列出普遍定律。科學說明的目的在建立少數普遍定律，用以說明錯綜繁複的事象，把零碎的知識整理成有系統的科學知識。若不列出普遍定律，則喪失科學說明的意義及功能。

(3) 普遍定律與先行條件必須有經驗內容。邏輯經驗論者最喜歡強調這一點。他們把語句區分為分析的 (analytic) 與經驗的 (empirical) 兩種。分析語句包括恆真句與矛盾句，它們之為真為假完全是根據語言規則（如邏輯、語意規則）的約定而來；它們不斷說任何經驗事實。邏輯、數學中的命題屬於此類。經驗語句的真假則必須根據經驗事實來判斷，而不能僅憑語言規則的約定；它們對經驗事實有所斷說。物理學、化學、社會學、……等學科中的命題，以及一切報導事實的語句均屬於此類。一個語句如果既不是分析語句，又不是經驗語句，則無認知意義，如形上學中的命題。

所謂「普遍定律與先行條件必須有經驗內容」，意思是說：普遍定律與先行條件對經驗事實必須有所斷說，而它們的真假也可根據經驗事實來判斷。

我們不一定贊同邏輯經驗論的學說，但至少在科學說明的場合，普遍定律與先行條件必須有經驗內容一點，卻是無可爭議的。第(1)個條件要求：事象 A 之發生可由普遍定律與先行條件推論出來，而事象 A 之發生乃是一經驗事實，可憑經驗事實以驗其真假。可見普遍定律與先行條件必須有經驗內容這一要求，已隱含於第(1)條件之中，只是未明白說出而已。我們在此將這一點明白說出，並加以強調，其目的在指出：科學說明既不同於形上學系統，也不像數學、邏輯等毫不指涉經驗事實的純演繹系統。科學知識歸根究底須乞靈於我們的感官經驗。

(4) 所列出的普遍定律與先行條件必須是真的。若有一個普遍定律或先行條件是假的，則雖然推論正確，也不是切當的說明。例如：我們要為「某甲死亡」這一事象尋求科學說明。我們或許會做如下的推斷：

前提：{ 普遍定律：凡患肝癌者都會死亡。
先行條件：甲患了肝癌。

結論：甲會死亡。

上面的推論是完全正確的，但並不一定是切當的說明。如果經過醫生檢查的結果，甲並未患肝癌；換句話說，先行條件是假的，那麼上面的說明就不切當。因為肝癌並不是甲的死因；只是由這些假的前提所推出來的結論，恰巧與事實符合而已。

現在，我們將科學說明的模式畫成一個簡明的圖表：

推論
前提：{ $L_1, L_2, \cdots\cdots, L_n$ 普遍定律
$C_1, C_2, \cdots\cdots, C_m$ 先行條件
→ 結論：E（事象 A 發生）

一個科學說明，只要符合上面的模式，並且具備上列的四個條件，就是一個切當的說明❹。

此處須附帶說明一點，即：在上面的兩個例子中，普遍定律都是全稱語句 (universal sentences)❺，而由前提（即普遍定律及先行條件）

❹ 有關科學說明的模式及其切當條件，參看韓佩爾 (Carl G. Hempel) 的論文〈說明邏輯的研究〉("Studies in the Logic of Explanation")，§§1–3。

導出結論所用的推論方法都是演繹法❻。但這些並不是科學說明的必要條件。上面所列的第(2)切當條件固然要求科學說明必須用到普遍定律，但並不要求這些普遍定律必須是全稱語句，它們可以是統計概率語句 (statistical probability sentences)❼。再者，第(1)切當條件雖然要求由前提到結論的推論必須是正確的，但並不要求推論的方法必須是演繹法，它可以是歸納法或統計推論。現在讓我們用簡單的例子來說明。假定有一位醫師對病人某甲之所以死亡，向甲的家屬做如下的說明：

前提：胃癌病患有百分之八十五於開刀後五年內死亡。(普遍定律)

甲得了胃癌，並於四年前開刀。(先行條件)

結論：甲會死亡。

這個說明所用到的普遍定律不是全稱語句，它不是說所有胃癌病患都會在開刀後五年內死亡；它只說有百分之八十五的此類病患會在五年內死亡，它是一個統計概率語句。這個說明中的結論也不是前提的必然結論。換言之，有可能前提真而結論假；因為甲有可能屬於百分之十五不會於五年內死亡的少數病患。可見，由前提到結論的推論不是演繹法，而是一種統計推論 (statistical inferences)❽。

科學除了說明已知的事象之外，有時還要推測未知的事象。所推

---

❺ 所謂全稱語句乃是指具有「所有……都×××」形式的語句，其邏輯形式為「$(x)(\phi x \rightarrow \psi x)$」。

❻ 演繹法的重要特點之一是：在正確的演繹論證或推論中，絕不可能有前提全真而結論假；換言之，前提真可保證結論一定真。

❼ 統計概率語句具有如下的形式：「所有 A 類東西之中有百分之 r 屬於 B 類。」

❽ 有關統計推論在科學說明中的應用，請參看韓佩爾的論文〈演繹律則說明與統計說明〉("Deductive-Nomological vs. Statistical Explanation")。

測的事象可能是未來的事象，也可能是過去的事象；換言之，可能是尚未發生的事象，也可能是已發生而我們尚未知悉的事象。前者叫做「預測」(predictions)，後者叫做「溯測」(postdictions)。例如：天文學家算出未來某年某月某日會發生月蝕，是一種預測；算出過去某年某月某日曾發生月蝕，則是一種溯測。又如：醫師判斷某一病人將於五年內死亡，是一種預測；法醫判斷某一被害人死於三天之前，則是一種溯測。為了方便起見，我們有時使用「推測」一詞兼指預測與溯測。科學推測與科學說明的基本模式並無根本差異。例如：上面說明甲死亡的那個統計推論，也可用來推測甲會死亡。醫師在為甲開刀之後，就可用那個統計推論來預測甲將於五年內死亡。假定醫師為甲開刀之後有十幾年未與甲聯繫，他可用同一個推論來溯測甲已死亡。可見，同一個推論既可用做科學說明，也可用做科學推測。但科學溯測卻有一點與科學說明及科學預測不同。在科學說明及科學預測中，所使用的前提只有普遍定律 $L_1, L_2, \cdots\cdots, L_n$ 及先行條件 $C_1, C_2, \cdots\cdots, C_m$。其中 $C_1, C_2, \cdots\cdots, C_m$ 所敘述的條件一定是在事象 A 發生之前或同時既已具備的條件，而不涉及 A 發生之後才具備的條件。理由是非常明顯的：在 A 之後的條件，不會是 A 發生的原因，故不能用以說明 A 之所以發生的道理；預測是在 A 發生之前所做的推測，不可能把 A 發生之後才具備的條件做為前提。相反的，溯測是在 A 發生之後所做的推測，故可能把 A 發生之後才具備的條件做為前提。例如：法醫可根據屍體的狀況來判斷死亡的時間。可見在科學溯測中，除了先行條件之外，還可把 A 之後的條件做為前提。但不論是那一種條件，都是敘述在某一特定時空有某種特定情況，因此我們以後把這些條件一律稱之為「特定情況」，仍然以 $C_1, C_2, \cdots\cdots, C_m$ 來表示。儘管科學說明、科學預測及科學溯測之間在細節上有所差異❾，但其基本模式是相同的；因此，我們把三者合稱為「科學系統化」(scientific systematization)，其模式如下：

統計推論 或 演繹推論

前提：$L_1, L_2, \cdots\cdots, L_n$ 普遍定律（全稱語句或統計概率語句）
$C_1, C_2, \cdots\cdots, C_m$ 特定情況

→ 結論：E（事象 A 發生）

由此可見，科學系統化的目的是透過普遍定律來顯示特定情況與事象之間的關聯。從上面所舉的幾個例子中，我們不難看出，所謂特定情況其實也不過是一些事象。故科學的主要功能，簡言之，在於使用普遍定律，把錯綜複雜的事象貫串起來，組織成有系統的知識，使我們能夠掌握所觀察到的事象。

三、理論性概念與可觀察概念

在上一節，當我們說到科學說明及科學推測時，我們所指的乃是單獨事象的說明及推測。其實，我們也可以對普遍定律加以說明及推測。例如：我們可以追問「物體遇熱何以會膨脹？」、「水蒸汽遇冷何以會液化？」等。要說明或推測普遍定律，必須用到更普遍的定律。例如：為要說明自由落體定律及克卜勒 (Kepler) 的行星運行定律，我們使用更普遍的牛頓萬有引力定律。我們說萬有引力定律更普遍，乃是因為它的適用範圍更廣泛；它適用於任何物質，而不像自由落體定

❾ 參看韓佩爾的論文〈科學說明面面觀〉(“Aspects of Scientific Explanation”)，pp. 364–376, 406–410；並參看謝佛勒 (Israel Scheffler) 著《探究的剖析》(*The Anatomy of Inquiry*) 一書，pp. 43–57。

律只適用於地球表面，也不像克卜勒定律只適用於少數行星之間。我們使用更普遍的定律以說明較不普遍的定律，其目的是要使表面上似乎不相干的定律發生關聯，用更普遍的定律來顯示它們之間的關聯，並用於推測尚未發現的新定律。

像萬有引力定律這種普遍性極高的定律，往往使用一些非常抽象的概念，諸如：引力、質量等等。這些概念所指的性質不是用我們的感覺器官可以直接知覺到的。這類概念叫做「理論性概念」(theoretical concepts)，表達這類概念的詞叫做「理論性詞」(theoretical terms)。反之，有些概念所指的性質是我們的感覺器官可以直接知覺到的，諸如：冷熱、硬軟、紅、黃、白等等。這類概念叫做「可觀察概念」(observational concepts)，表達這類概念的詞叫做「可觀察詞」(observational terms)。一個普遍定律若不含理論性詞，叫做「經驗定律」(empirical law)；反之，若含有理論性詞，則叫做「理論定律」(theoretical law)。我們要用理論定律說明或推測經驗定律，亦即要從理論定律導出經驗定律，必須知道理論性概念與可觀察概念之間的關聯。表明這種關聯的語句叫做「對應規則」(correspondence rules)。理論定律必須與對應規則配合，才可導出經驗定律[10]。

由上面的敘述，可見科學使用理論定律的目的在於導出經驗定律；理論性概念的功能在於幫助我們掌握可觀察概念之間的關聯。現在我們的問題是：要掌握可觀察概念之間的關聯，是否一定要借助理論性概念？只用經驗定律而不用理論定律，難道就無法顯示出可觀察的事

[10] 有關理論性概念、可觀察概念、理論定律、經驗定律，以及對應規則等等，請參看卡納普 (Rudolf Carnap) 著《科學哲學導論》(*An Introduction to the Philosophy of Science*)，§§23–25 (pp. 225–246)。

象之間的關聯嗎？換句話說，我們有沒有辦法消除理論性概念，而不影響科學定律的經驗內容？

為了討論的方便起見，讓我們以 $T_1, T_2, \cdots\cdots, T_n$ 表示某一科學理論中所含之理論性詞，以 $O_1, O_2, \cdots\cdots, O_m$ 表示其所含之可觀察詞，以 Γ_t 表示理論定律所構成的集合，以 Γ_c 表示對應規則所構成的集合，以 Γ_0 表示不含 $T_1, T_2, \cdots\cdots, T_n$ 等理論性詞的語句所構成的集合。現在可將上一段所提的問題重述如下：要顯示 $O_1, O_2, \cdots\cdots, O_m$ 之間的關聯，是否一定要借助 $T_1, T_2, \cdots\cdots, T_n$？我們有沒有辦法只用 Γ_0 中的語句構作一個理論系統 △，使得 △ 的經驗內容與 $\Gamma_t \cup \Gamma_c$ 的經驗內容相同？所謂 △ 的經驗內容與 $\Gamma_t \cup \Gamma_c$ 的經驗內容相同，意即：由 △ 所導出的 Γ_0 中的語句與由 $\Gamma_t \cup \Gamma_c$ 導出的 Γ_0 中的語句完全相同。可用符號式表示如下（式中的「$\Vdash$」表示「導出」）：

$$(\phi)[(\triangle \Vdash \phi) \wedge (\phi \in \Gamma_o) \leftrightarrow (\Gamma_t \cup \Gamma_c \Vdash \phi) \wedge (\phi \in \Gamma_o)]$$

因此，我們的問題乃是：是否有一理論系統 △ 可滿足下列條件

(1) $(\triangle \subset \Gamma_o) \wedge (\phi)[(\triangle \Vdash \phi) \wedge (\phi \in \Gamma_o) \leftrightarrow (\Gamma_t \cup \Gamma_c \Vdash \phi) \wedge (\phi \in \Gamma_o)]$？

瑞姆濟所提出的方法就是要構作一個滿足(1)的理論系統的方法。

四、瑞姆濟語句的演繹功能

瑞姆濟消除理論性概念的方法如下⓫：首先，把一個理論系統中的所有理論定律及對應規則構成連言 (conjunction)；亦即把 $\Gamma_t \cup \Gamma_c$ 中

⓫ 參看瑞姆濟前書，pp. 212–215, 231；卡納普前書，pp. 247–255；謝佛勒前書，pp. 203–207；布萊斯威特 (Richard Bevan Braithwaite) 著《科學說明》(*Scientific Explanation*)，pp. 79–87。

的所有語句構成一個連言。其次，把這個連言中的所有理論性詞全部改為變元，使該連言成為一個開放句式 (open formula)⓬；亦即把該連言中的所有 $T_1, T_2, \cdots\cdots, T_n$ 全部改為變元 $\alpha_1, \alpha_2, \cdots\cdots, \alpha_n$。最後，在這個開放句式之前加上這些變元的存在量詞，使該開放句式成為一個存在語句；亦即在該開放句式之前加上 $(\exists\alpha_1)(\exists\alpha_2)\cdots\cdots(\exists\alpha_n)$。這個存在語句叫做該理論系統的「瑞姆濟語句」(Ramsey sentence)。很明顯的，在瑞姆濟語句中，所有的理論性詞都已消去。現在的問題是：用這種辦法消除了理論性概念之後，一個理論系統的經驗內容是否不受影響？換言之，瑞姆濟語句是否能滿足上節所列的條件(1)？詳言之，若以瑞姆濟語句代入(1)中的 △，則(1)是否為真？

對此問題，我們將分成兩方面來討論。在上一節，當我們說某一語句可由某些語句導出時，「導出」是兼指演繹法和歸納法。因而(1)中的符號「$\Vdash$」也兼指這兩種推論。在本節中，我們先考慮演繹法。也就是說，我們先考慮：若「導出」一詞專指演繹法而不含歸納法在內，則由瑞姆濟語句所導出的 Γ_0 中的語句與由 $\Gamma_t \cup \Gamma_c$ 所導出的 Γ_0 中的語句是否相同？若相同，則瑞姆濟語句與原理論系統 $\Gamma_t \cup \Gamma_c$ 有相同的演繹功能。

為了方便起見，我們以「$\vdash$」表示「用演繹法導出」，以 $(\exists\alpha_1)(\exists\alpha_2)\cdots\cdots(\exists\alpha_n)R$ 表示原理論系統 $\Gamma_t \cup \Gamma_c$ 的瑞姆濟語句。現在我們要證明：$(\exists\alpha_1)(\exists\alpha_2)\cdots\cdots(\exists\alpha_n)R$ 是一理論系統，且下列條件為真

(2) $(\{(\exists\alpha_1)(\exists\alpha_2)\cdots\cdots(\exists\alpha_n)R\} \subset \Gamma_0) \wedge (\phi)[((\exists\alpha_1)(\exists\alpha_2)\cdots\cdots(\exists\alpha_n)$

⓬ 一個句式若含有自由變元 (free variables) 則為開放句式；所謂自由變元是沒有量詞 (quantifiers) 控制的變元。

$R \vdash \phi) \wedge (\phi \in \Gamma_0) \leftrightarrow (\Gamma_t \cup \Gamma_c \vdash \phi) \wedge (\phi \in \Gamma_0)]$

首先，$(\exists\alpha_1)(\exists\alpha_2) \cdots\cdots (\exists\alpha_n)R$ 毫無疑問的是一個理論系統。因為除了原理論系統中的理論性詞改成變元之外，$(\exists\alpha_1)(\exists\alpha_2) \cdots\cdots (\exists\alpha_n)R$ 與原理論系統的結構並無不同。其次，⑵的前一個連項 (conjunct) $(\{(\exists\alpha_1)(\exists\alpha_2) \cdots\cdots (\exists\alpha_n)R\} \subset \Gamma_o)$ 也不成問題，因為 $(\exists\alpha_1)(\exists\alpha_2) \cdots\cdots (\exists\alpha_n)R$ 中不含理論性詞 $T_1, T_2, \cdots\cdots, T_n$，它們已改成變元 $\alpha_1, \alpha_2, \cdots\cdots, \alpha_n$。現在只須證明⑵的後一個連項

⑶ $(\phi)[((\exists\alpha_1)(\exists\alpha_2) \cdots\cdots (\exists\alpha_n)R \vdash \phi) \wedge (\phi \in \Gamma_0) \leftrightarrow (\Gamma_t \cup \Gamma_c \vdash \phi) \wedge (\phi \in \Gamma_o)]$

即可。下面即為⑶的證明⓭：

① $((\exists\alpha_1)(\exists\alpha_2) \cdots\cdots (\exists\alpha_n)R \vdash \phi) \wedge (\phi \in \Gamma_0)$ 假設

② $\Gamma_t \cup \Gamma_c \vdash R^{\alpha_1\alpha_2\cdots\cdots\alpha_n}_{T_1T_2\cdots\cdots T_n}$

$R^{\alpha_1\alpha_2\cdots\cdots\alpha_n}_{T_1T_2\cdots\cdots T_n}$ 表示以 $T_1, T_2, \cdots\cdots, T_n$ 分別取代 R 中之 $\alpha_1, \alpha_2, \cdots\cdots, \alpha_n$ 所產生之句式。

②之所以為真，乃是因為 $R^{\alpha_1\alpha_2\cdots\cdots\alpha_n}_{T_1T_2\cdots\cdots T_n}$ 是 $\Gamma_t \cup \Gamma_c$ 中的全部語句所構成之連言，故可用附加律 (law of adjunction) 由 $\Gamma_t \cup \Gamma_c$

⓭ 瑞姆濟雖指出瑞姆濟語句與原理論具有相同的演繹功能，但未加以證明。巴納特 (Herbert Gaylord Bohnert)，在他的博士論文《理論的解釋》(*The Interpretation of Theory*, University of Pennsylvania, 1961) 中曾有證明，惜該論文未曾出版，筆者無緣拜讀。筆者在本文中所做的證明，乃是按照謝佛勒在《探究的剖析》一書中所做的提示，自己詳細演證的。謝佛勒的提示，請看該書 pp. 207–208。

導出 $R^{\alpha_1\alpha_2\cdots\cdots\alpha_n}_{T_1T_2\cdots\cdots T_n}$。

③ $R^{\alpha_1\alpha_2\cdots\cdots\alpha_n}_{T_1T_2\cdots\cdots T_n} \vdash (\exists\alpha_1)(\exists\alpha_2)\cdots\cdots(\exists\alpha_n)R$ 使用 EG 規則

④ $(\exists\alpha_1)(\exists\alpha_2)\cdots\cdots(\exists\alpha_n)R \vdash \phi$

由①使用簡化律 (law of simplification) 而得。

⑤ $\Gamma_t \cup \Gamma_c \vdash \phi$

因「導出關係」，亦即「$\vdash$」，有傳遞性，故可由②、③、④得⑤。

⑥ $\phi \in \Gamma_0$ 由①使用簡化律而得。

⑦ $(\Gamma_t \cup \Gamma_c \vdash \phi) \wedge (\phi \in \Gamma_0)$ 由⑤、⑥使用附加律而得。

⑧ $[((\exists\alpha_1)(\exists\alpha_2)\cdots\cdots(\exists\alpha_n)R \vdash \phi) \wedge (\phi \in \Gamma_o)] \rightarrow (\Gamma_t \cup \Gamma_c \vdash \phi) \wedge (\phi \in \Gamma_o)$

假設①的結果得到⑦，故使用條件證法 (conditional proof) 可得以①為前件以⑦為後件的條件句⑧。

⑨ $(\Gamma_t \cup \Gamma_c \vdash \phi) \wedge (\phi \in \Gamma_o)$ 假設

⑩ $(\psi)[(\psi \in \Gamma_t \cup \Gamma_c) \rightarrow (R^{\alpha_1\alpha_2\cdots\cdots\alpha_n}_{T_1T_2\cdots\cdots T_n} \vdash \psi)]$

因 $R^{\alpha_1\alpha_2\cdots\cdots\alpha_n}_{T_1T_2\cdots\cdots T_n}$ 為 $\Gamma_t \cup \Gamma_c$ 中所有語句之連言，故使用簡化律可由 $R^{\alpha_1\alpha_2\cdots\cdots\alpha_n}_{T_1T_2\cdots\cdots T_n}$ 導出 $\Gamma_t \cup \Gamma_c$ 中的任一語句。

⑪ $\Gamma_t \cup \Gamma_c \vdash \phi$

由⑨使用簡化律而得。

⑫ $R^{\alpha_1\alpha_2\cdots\cdots\alpha_n}_{T_1T_2\cdots\cdots T_n} \vdash \phi$

因「$\vdash$」有傳遞性，故可由⑩、⑪得⑫。

⑬ $\vdash(R^{\alpha_1\alpha_2\cdots\cdots\alpha_n}_{T_1T_2\cdots\cdots T_n}\rightarrow\phi)$

由⑫使用條件證法而得。

⑭ $\vdash(\sim\phi\rightarrow\sim R^{\alpha_1\alpha_2\cdots\cdots\alpha_n}_{T_1T_2\cdots\cdots T_n})$

由⑬使用異質位換律 (law of contraposition) 而得。

⑮ $\sim\phi\vdash\sim R^{\alpha_1\alpha_2\cdots\cdots\alpha_n}_{T_1T_2\cdots\cdots T_n}$

由⑭使用 MPP 規則 (Modus Ponendo Ponens) 而得。

⑯ $\sim\phi\vdash(\alpha_1)(\alpha_2)\cdots\cdots(\alpha_n)\sim R$

由⑮得知：由$\sim\phi$ 可導出$\sim R^{\alpha_1\alpha_2\cdots\cdots\alpha_n}_{T_1T_2\cdots\cdots T_n}$；又由⑨得知 $\phi\in\Gamma_0$，因而得知$\sim\phi$ 不含 $T_1, T_2, \cdots\cdots, T_n$；故可對$\sim R^{\alpha_1\alpha_2\cdots\cdots\alpha_n}_{T_1T_2\cdots\cdots T_n}$中的 $T_1, T_2, \cdots\cdots, T_n$ 使用 UG 規則而得到 $(\alpha_1)(\alpha_2)\cdots\cdots(\alpha_n)\sim R$。

⑰ $(\alpha_1)(\alpha_2)\cdots\cdots(\alpha_n)\sim R\vdash\sim(\exists\alpha_1)(\exists\alpha_2)\cdots\cdots(\exists\alpha_n)R$

使用全稱量詞與存在量詞互換規則。

⑱ $\sim\phi\vdash\sim(\exists\alpha_1)(\exists\alpha_2)\cdots\cdots(\exists\alpha_n)R$

因「⊢」有傳遞性，故可由⑯、⑰得⑱。

⑲ $\vdash(\sim\phi\rightarrow\sim(\exists\alpha_1)(\exists\alpha_2)\cdots\cdots(\exists\alpha_n)R)$

由⑱使用條件證法而得。

⑳ $\vdash((\exists\alpha_1)(\exists\alpha_2)\cdots\cdots(\exists\alpha_n)R\rightarrow\phi)$

由⑲使用異質位換律而得。

㉑ $(\exists\alpha_1)(\exists\alpha_2)\cdots\cdots(\exists\alpha_n)R\vdash\phi$

由⑳使用 MPP 規則而得。

㉒ $(\phi \in \Gamma_0)$

由⑨使用簡化律而得。

㉓ $((\exists\alpha_1)(\exists\alpha_2)\cdots\cdots(\exists\alpha_n)R \vdash \phi) \wedge (\phi \in \Gamma_0)$

由㉑、㉒使用附加律而得。

㉔ $(\Gamma_t \cup \Gamma_c \vdash \phi) \wedge (\phi \in \Gamma_0) \rightarrow ((\exists\alpha_1)(\exists\alpha_2)\cdots\cdots(\exists\alpha_n)R \vdash \phi) \wedge (\phi \in \Gamma_0)$

假設⑨的結果得到㉓，故用條件證法，可得以⑨為前件以㉓為後件的條件句㉔。

㉕ $((\exists\alpha_1)(\exists\alpha_2)\cdots\cdots(\exists\alpha_n)R \vdash \phi) \wedge (\phi \in \Gamma_0) \leftrightarrow (\Gamma_t \cup \Gamma_c \vdash \phi) \wedge (\phi \in \Gamma_0)$

由⑧、㉔使用「$\leftrightarrow$」的定義而得。

㉖ $(\phi)[((\exists\alpha_1)(\exists\alpha_2)\cdots\cdots(\exists\alpha_n)R \vdash \phi) \wedge (\phi \in \Gamma_0) \leftrightarrow (\Gamma_t \cup \Gamma_c \vdash \phi) \wedge (\phi \in \Gamma_0)]$

對㉕中的 ϕ 使用 UG 規則而得。

因為㉖即為(3)，故(3)得證；因而(2)得證。

我們已證明瑞姆濟語句與其原理論系統具有相同的演繹功能。下一節將討論歸納功能。

五、瑞姆濟語句的歸納功能

要證明瑞姆濟語句與其原理論系統具有相同的歸納功能，我們必須證明下面語句為真：

(4) $(\phi)[((\exists\alpha_1)(\exists\alpha_2)\cdots\cdots(\exists\alpha_n)R \Vdash \phi) \wedge (\phi \in \Gamma_0) \leftrightarrow (\Gamma_t \cup \Gamma_c \Vdash \phi) \wedge (\phi \in \Gamma_0)]$

目前為止，還沒有大家一致承認的證明可以肯定或否定⑷⓮。現在我們所能做的是考察⑷的反例。

謝佛勒 (Israel Scheffler) 曾提出反例，證明一個理論系統寫成瑞姆濟語句後，會喪失某些歸納功能。他的反例如下⓯。

設「M」為一理論性詞，「A」、「B」、「C」、「D」、「E」為可觀察詞。再設下列五個語句構成一個理論系統：

⑸ $(x)(Mx \rightarrow Ax)$

⑹ $(x)(Mx \rightarrow Bx)$

⑺ $(x)(Mx \rightarrow Cx)$

⑻ $(x)(Mx \rightarrow Dx)$

⑼ $(x)(Mx \rightarrow Ex)$

設我們已知下列語句為真：

⑽ Aa

⑾ Ba

⑿ Ca

⒀ Da

⓮ 有關瑞姆濟語句的演繹功能及歸納功能，參看謝佛勒前書，pp. 207–222；倪尼勞托 (Ilkka Niiniluoto)〈歸納系統化〉("Inductive Systematization")，pp. 25–75；康曼 (James Cornman) 的〈克雷格定理、瑞姆濟語句、及科學工具論〉("Craig's Theorem, Ramsey-Sentences, and Scientific Instrumentalism")，pp. 108–114；巴納特的〈利用瑞姆濟語句的子句所做的傳達〉("Communication by Ramsey-Sentence Clause")，pp. 342–343。

⓯ 參看謝佛勒前書，pp. 218–220。他舉的例子是 $(x)((Mx \rightarrow Px) \wedge (Mx \rightarrow Rx))$。這太過簡單，不易看出具有歸納功能。故筆者改成⑸～⑼。

則根據(5)～(8)這四個普遍定律，(10)～(13)可做為支持

(14) Ma

的證據⓰。又從(9)和(14)，可推出

(15) Ea

故根據(5)～(9)，我們可把(10)～(13)做為支持(15)的證據。換言之，用歸納法，可由(5)～(9)導出

(16) $(Aa \wedge Ba \wedge Ca \wedge Da) \rightarrow Ea$

現在，我們把理論系統(5)～(9)寫成瑞姆濟語句

(17) $(\exists\alpha)[(x)(\alpha x \rightarrow Ax) \wedge (x)(\alpha x \rightarrow Bx) \wedge (x)(\alpha x \rightarrow Cx) \wedge (x)(\alpha x \rightarrow Dx) \wedge (x)(\alpha x \rightarrow Ex)]$

假定(17)與原理論系統(5)～(9)有相同的歸納功能，則根據(17)，(10)～(13)可做為支持(15)的證據。亦即用歸納法可由(17)導出(16)。然而，(17)是邏輯恆真句⓱，故以「～E」取代(17)中的「E」所得的語句

(18) $(\exists\alpha)[(x)(\alpha x \rightarrow Ax) \wedge (x)(\alpha x \rightarrow Bx) \wedge (x)(\alpha x \rightarrow Cx) \wedge (x)(\alpha x \rightarrow Dx) \wedge (x)(\alpha x \rightarrow \sim Ex)]$

⓰ 有些哲學家不承認根據(5)～(8)，可用(10)～(13)來支持(14)。請參看杜美拉 (Raimo Tuomela) 著《理論性概念》(*Theoretical Concepts*)，p. 218；巴納特的〈為瑞姆濟的消除法辯護〉("In Defense of Ramsey's Elimination Method")，pp. 275–281。但我們在此不妨姑且承認這種歸納推論。因為我們的目的是要證明：即使承它，謝佛勒的反例仍然不成立。

⓱ 令 $Qx =_{df} (Ax \wedge Bx \wedge Cx \wedge Dx \wedge Ex)$，則下面語句為恆真句：

$(x)(Qx \rightarrow Ax) \wedge (x)(Qx \rightarrow Bx) \wedge (x)(Qx \rightarrow Cx) \wedge (x)(Qx \rightarrow Dx) \wedge (x)(Qx \rightarrow Ex)$

再對上式中的「Q」使用 EG 規則，則得下列恆真句：

$(\exists\alpha)[(x)(\alpha x \rightarrow Ax) \wedge (x)(\alpha x \rightarrow Bx) \wedge (x)(\alpha x \rightarrow Cx) \wedge (x)(\alpha x \rightarrow Dx) \wedge (x)(\alpha x \rightarrow Ex)]$

亦為恆真句。因此，我們沒有理由不接受⒅。因而我們可根據⒅，以⑽～⒀做為支持

⒆　～Ea

的證據。亦即用歸納法，可由⒅導出

⒇　(Aa∧Ba∧Ca∧Da) → Ea

因為這和由⒄導出⒃的推論方式完全相同。現在，我們得到一個不合理的結論，即同樣的證據⑽～⒀，既可做為支持⒂的證據，又可做為支持⒂的否定句⒆的證據。換言之，同樣的證據可用以支持兩個互相矛盾的語句。謝佛勒認為這個不合理的結論，乃是假設⒄與⑸～⑼有相同的歸納功能的結果，因而該假設不能成立。他認為我們不可根據⒄用⑽～⒀來支持⒂；反之，我們卻可根據⑸～⑼用⑽～⒀來支持⒂。因為從⑸～⑼推不出一個類似⒅的語句，亦即推不出

(21)　(x)(Mx →～Ex)

因而推不出⒆。因此，根據⑸～⑼，不會有同樣的證據支持互相矛盾的語句的情形產生。可見，把原理論系統⑸～⑼改寫成瑞姆濟語句⒄之後，會使得原來可以用歸納法導出的語句⒃變成無法導出。⒃不含理論性詞，故⑷為假；瑞姆濟語句與其原理論系統不一定有相同的歸納功能。

現在，我們來看看謝佛勒這個反例是否足以否定⑷。他認為我們不能根據⒄用⑽～⒀來支持⒂的理由是因為我們用相同的推論方式可根據⒅用⑽～⒀來支持⒂的否定句⒆；而⒅是由⒄推出的，同樣是恆真句，我們沒有理由接受⒄而不接受⒅。

我們認為謝佛勒的理由並不充分。現詳述如下：

令 $Qx =_{df} (Ax \wedge Bx \wedge Cx \wedge Dx \wedge \sim Ex)$

則 ⑵ $(x)(Qx \rightarrow Ax)$

⑵ $(x)(Qx \rightarrow Bx)$

⑵ $(x)(Qx \rightarrow Cx)$

⑵ $(x)(Qx \rightarrow Dx)$

⑵ $(x)(Qx \rightarrow \sim Ex)$

皆為恆真句，因而我們沒有理由不接受。根據⑵～⑵，我們可用⑽～⒀來支持⒆；其理由與根據⑸～⑼由⑽～⒀來支持⒂完全相同。但⒆是⒂的否定句。可見，即使不根據瑞姆濟語句⒄，而只根據原理論系統⑸～⑼，也可得到不合理的結論，即同樣的證據可用以支持兩個互相矛盾的語句。也就是說，即使不假定瑞姆濟語句⒄與原理論系統⑸～⑼具有相同的歸納功能，也可得到不合理的結論。因此，我們不能歸罪該項假設。然則，謝佛勒為什麼認為瑞姆濟語句喪失了原理論系統的歸納功能呢？換言之，他為什麼認為根據⑸～⑼不會有同樣的證據支持互相矛盾的語句的情形呢？他的理由大概是這樣的。⒅是由⒄所導出的，而且同為恆真句，我們沒有理由接受⒄而不接受⒅。因此，根據⒄與⒅，用同樣的證據所支持的語句竟然互相矛盾，乃是不合理的。反之，⑵～⑵並非由⑸～⑼所導出的，且前者為恆真句而後者不是。因而根據這兩組不同的語句，用相同的證據可支持互相矛盾的語句，也就不足為奇了。其實，這些理由都是不相干的。要點在於⒅與⑵～⑵都是恆真句，我們沒有理由不接受。而只要接受了它們，就可用⑽～⒀支持⒆。至於它們是不是由⒄或⑸～⑼所導出，以及⒄或⑸～⒆本身是否也是恆真句，是不相干的問題。

謝佛勒或許認為因為⒄、⒅及㉒～㉖都是恆真句，故不能根據它們用⑽～⒀來支持⒂或⒆。反之，(5)～(9)並非恆真句，故可根據它們用⑽～⒀來支持⒂。如果謝佛勒的理由確是如此，則他並沒有說清楚。我們若接受這個理由，則理論系統(5)～(9)改寫成瑞姆濟語句⒄之後，確實喪失了原有的歸納功能。因為(5)～(9)不是恆真句，而⒄為恆真句。但也只有那些原來並非恆真句而改寫成瑞姆濟語句後成為恆真句的理論系統，才會因如此改寫而喪失其歸納功能。但一個理論系統的瑞姆濟語句若為恆真句，則該理論系統並無經驗內容。因為恆真句只涵蘊恆真句，故恆真的瑞姆濟語句不會涵蘊 Γ_0 中的任何非恆真句。又按照(3)，原理論系統所涵蘊的 Γ_0 中的語句與其瑞姆濟語句所涵蘊的 Γ_0 中的語句，完全相同。故原理論系統也不會涵蘊 Γ_0 中的任何非恆真句。因此，該理論系統就沒有經驗內容。所以，只有無經驗內容的理論系統才會因寫成瑞姆濟語句而喪失其歸納功能。經驗科學必有經驗內容，對沒有經驗內容的理論系統，我們不必顧慮。至於形式科學則不會用到歸納法，也不必去顧慮。其實，謝佛勒所舉的反例就是一個沒有經驗內容的理論系統。因此，不能用它來顯示瑞姆濟語句的缺陷。

現在我們撇開上面一切冗繁瑣細的論證，改用較直覺的方式來看問題。我們很清楚看到原理論系統與其瑞姆濟語句並沒有什麼實質上的差異。在原理論系統中，每一理論性詞都有一個常元來表達；而在瑞姆濟語句中則把這些常元改成變元並加上存在量詞。換言之，原理論系統指明某些理論性概念，並表明這些概念互相之間的關係以及它們與可觀察概念的關係；反之，瑞姆濟語句則不指明理論性概念，只說有如此這般的概念存在。但是這些概念相互間的關係以及它們與可觀察概念的關係，只要是原理論系統所表明的，也同樣表明於其瑞姆濟語句之中。因此，我們很難想像它們會有不同的歸納功能。

六、瑞姆濟語句的難題

在第四、第五兩節中，我們主張瑞姆濟語句可完成原理論系統的演繹及歸納功能。但這並不表示由原理論系統寫出瑞姆濟語句的過程中不會遇到困難。我們的困難在於對應規則往往是無限的。在第三節，我們已指出所謂對應規則是用以表明理論性概念與可觀察概念的關聯。這種關聯往往無法用有限的語句來表達，因而對應規則的個數往往是無限的。通常一個科學理論只包含理論定律的部分；對應規則部分，則往往由科學家在應用定律時，隨時擇取適當的加以使用。科學家知道在什麼場合選用那些對應規則，但無法把全部對應規則列出，因為它們是無限的。因而，我們也就無法把所有的對應規則與理論定律構成連言，以便寫成瑞姆濟語句。我們懷疑實際上有多少科學理論真正可以寫成瑞姆濟語句。

七、瑞姆濟語句的用途

在本節中我們要討論的問題是：即使我們能夠把一個理論系統寫成瑞姆濟語句，寫成之後有何用處？不錯，它可以完成原理論系統所具有的演繹及歸納功能。但這些功能原理論系統本來就有，使用原理論系統就可完成這些功能，何必使用瑞姆濟語句呢？在科學上，瑞姆濟語句沒有增加任何原來沒有的功能。它的用途主要是用來討論或解決哲學問題。

科學哲學家往往非常關心理論性概念可否消除，因為許多哲學家認為這個問題涉及科學工具論與科學實在論之間的爭論。按照科學實在論 (scientific realism) 的看法，理論系統是一群敘述句，用以敘述事實，因而有真假可言。這些敘述句既然敘述事實，則其中所含的理論性詞必有所指；它們指稱某些事物。敘述句正是敘述有關這些事物的事實。因此，這些理論性詞的所指物乃實有其物，而非科學家所虛構。這種觀點稱為「科學實在論」，理由在此。至於科學工具論 (scientific instrumentalism) 則主張理論系統並非一群敘述句，而是一套規則，用以聯繫可觀察事象之間的關係。既然不是敘述句，則無真假可言。這套規則好像一套工具，只要能幫助我們看出可觀察事象之間的關係，就是合用的好工具；至於其中所含的理論性詞是否確有所指，並無關緊要。我們使用理論性詞，並不表示在真實世界中確有這些詞所指稱的事物存在，因而也不表示理論系統乃是敘述有關這些事物的事實。我們只是把理論性概念當做方便的工具而加以使用。這種觀點之所以叫做「科學工具論」，其理由在此。用例子來說明，也許較易明瞭這兩種觀點的差異。以氣體分子理論為例，實在論者認為該理論是敘述分子的活動，確實有分子存在。反之，工具論者認為該理論並不是敘述分子的活動；它是一套規則，告訴我們如何由氣體的壓力來推測氣體的溫度等可觀察事象間的關聯。我們使用分子這個理論性概念，並不表示確實有分子這種東西存在；我們只是把分子的概念當做方便的工具而已⓲。

現在我們來看看理論性概念可否消除的問題與這兩個不同觀點的爭論有什麼關係。假定我們可以消除理論性概念而不影響理論系統的

⓲ 關於這兩個不同觀點的爭論，參看納格爾 (Ernest Nagel) 著《科學的結構》(*The Structure of Science*)，pp. 129–152。

演繹和歸納功能，這表示這些概念的使用是不必要的，因而我們就沒有理由相信理論性詞確有所指物存在；故實在論不成立[19]。

不管上面這種說法是否正確，瑞姆濟語句不能用以解決實在論與工具論之間的爭論。我們不要忘記一個重要的事實，就是瑞姆濟語句只是把表示理論性概念的理論性詞改成變元而已，並沒有真正消除理論性詞的所指物。相反的，它還加上存在量詞明白表示有理論性詞的所指物存在。原理論系統中雖使用理論性詞，工具論者還可以說那只是為了方便而使用的工具，不表示有所指物存在；但寫成瑞姆濟語句之後，不能再做工具論的解釋，因為它使用存在量詞明明白白表示有所指物存在。因此，瑞姆濟語句不能用來反駁實在論。

那麼，這是不是表示實在論反而得到支持呢？也許有人會做如下的推理。一個理論系統涵蘊其瑞姆濟語句，而瑞姆濟語句又涵蘊理論性詞的所指物存在；因此，原理論系統涵蘊理論性詞的所指物存在。故實在論是正確的，工具論不成立。現在問題是：原理論系統是否真的涵蘊其瑞姆濟語句？由原理論系統推出其瑞姆濟語句，必須使用 EG 規則 (existential generalization)。而 EG 規則是對論域 (universe of discourse) 中的元素才可使用的，亦即對我們已假設其存在的東西才可使用。可見，只當我們採取實在論的立場，承認理論性詞所指物的存在之後，才可證明原理論系統涵蘊其瑞姆濟語句。我們不可用這個涵蘊關係反過來證明實在論。換言之，在採取了實在論的觀點之後，才會把理論系統寫成瑞姆濟語句，不能反過來用瑞姆濟語句的功能來支持實在論的觀點。

---

[19] 參看康曼前文，pp. 122–126；康曼著《知覺、常識、與科學》(*Perception, Common Sense, and Science*)，pp. 180–186。

總之，瑞姆濟語句不能用來解決科學工具論與科學實在論之間的爭論。

第三篇　參考書目

Bohnert, Herbert Gaylord（巴納特）

1967 "Communication by Ramsey-Sentence Clause"〈利用瑞姆濟語句的子句所做的傳達〉，*Philosophy of Science*《科學哲學》，Vol. 34, pp. 341–347。

1968 "In Defense of Ramsey's Elimination Method" 〈為瑞姆濟的消除法辯護〉，*The Journal of Philosophy*《哲學期刊》，Vol. LXV, No. 10, pp. 275–281。

Braithwaite, Richard Bevan（布萊斯威特）

1953 *Scientific Explanation*《科學說明》，Cambridge University Press.

Carnap, Rudolf（卡納普）

1966 *An Introduction to the Philosophy of Science* 《科學哲學導論》，revised edition, New York: Harper.

Cornman, James W.（康曼）

1972 "Craig's Theorem, Ramsey-Sentences, and Scientific Instrumentalism"〈克雷格定理、瑞姆濟語句、及科學工具論〉，*Synthese*《綜合》，Vol. 25, pp. 82–128。

1975 *Perception, Common Sense, and Science* 《知覺、常識、與科學》，Yale University Press.

Hempel, Carl Gustav（韓佩爾）

1948 "Studies in the Logic of Explanation" 〈說明邏輯的研究〉，收集在韓佩爾 1965b 的文集，pp. 245–295。

1958 "The Theoretician's Dilemma"〈理論家的兩難〉，收集在韓佩爾 1965b 的文

集，pp. 173–226。

1962 "Deductive-Nomological vs. Statistical Explanation"〈演繹律則說明與統計說明〉，收集在 H. Feigl 與 G. Maxwell 合編的《明尼蘇達科學哲學研究》(*Minnesota Studies in the Philosophy of Science*), Vol. II, University of Minnesota Press, pp. 98–169。

1965a "Aspects of Scientific Explanation"〈科學說明面面觀〉，收集在韓佩爾 1965b 的文集，pp. 331–496。

1965b *Aspects of Scientific Explanation and Other Essays in the Philosophy of Science*《科學哲學面面觀及其他科學哲學論文集》，New York: Free Press.

Nagel, Ernest（納格爾）

1961 *The Structure of Science*《科學的結構》，Harcourt, Brace & World.

Niiniluoto, Ilkka（倪尼勞托）

1972 "Inductive Systematization: Definition and a Critical Survey"〈歸納系統化：其定義及批判概觀〉，*Synthese*《綜合》，Vol. 25, pp. 25–81。

Ramsey, Frank Plumpton（瑞姆濟）

1931 *The Foundations of Mathematics and Other Logical Essays*《數學基礎及其他邏輯論文》，Routledge & Kegan Paul.

Scheffler, Israel（謝佛勒）

1967 *The Anatomy of Inquiry*《探究的剖析》，New York: Knopf.

1968 "Reflections on the Ramsey Method"〈有關瑞姆濟方法的一些意見〉，*The Journal of Philosophy*《哲學期刊》，Vol. LXV, No. 10, pp. 269–274.

Tuomela, Raimo（杜美拉）

1973 *Theoretical Concepts*《理論性概念》，Springer-Verlag, Wien.

第四篇　克雷格定理及其在科學哲學上的應用

一、前　言

科學的目的不僅是記錄單獨的事件或現象（以後簡稱「事象」），而是要進一步尋求一般性的定律，用以說明或推測單獨事象。例如：只把曾經發生過的地震做詳細的記錄尚不能成為科學；必須從這些記錄中尋求出有關地震的定律，才是科學。科學理論乃是由科學定律所構成的，其主要功能在說明或推測單獨事象的發生。科學理論往往含有普遍性極高的定律，而必須使用一些非常抽象的概念，諸如：引力、質量、電子等概念。這些概念所指的事物或性質不是用我們的感覺器官可以直接知覺到的。這類觀念叫做「理論性概念」(theoretical concepts)，表達這類概念的詞叫做「理論性詞」(theoretical terms)。反之，有些概念所指的事物或性質是我們的感覺器官可以直接知覺到的，諸如：冷熱、軟硬、黑白等概念。這類概念叫做「可觀察概念」(observational concepts)，表達這類概念的詞叫做「可觀察詞」(observational terms)。

有關理論性概念的問題在科學哲學中常常引起爭論。其中爭論最多的是下面兩個問題。

第一，科學理論是否真的需要理論性概念？有人認為理論性概念在科學理論中是非有不可的；消除理論性詞，會使得科學理論無法建構。反之，另外有些人卻認為沒有理論性概念也可以建構科學理論；只是使用理論性概念，會使科學理論的建構較為簡便而已；因此，在理論上，理論性詞是可以消除的。

第二，理論性詞的所指物是否實有其物？科學實在論 (scientific realism) 認為引力、質量、電子等物確實存在。反之，科學工具論 (scientific instrumentalism) 卻認為這些東西都是科學家所虛構的，目的只是用來說明或推測可觀察的事象而已。科學家只是把這些理論性概念當做說明和推測的工具而已，並不認為這些理論性詞的所指物確實存在。

科學哲學家在討論上面兩個問題時，常常會提到克雷格定理 (Craig theorem)。有些哲學家認為克雷格定理有助於上述問題的解決；另外有些哲學家則持相反意見，認為該定理與上述問題並無多大關聯。本文的目的是要詳細考查該定理的證明細節，以探討該定理與上述問題之間的關聯。

二、克雷格定理的內容

克雷格定理是德裔美籍邏輯家，加州大學柏克萊校區哲學教授威廉．克雷格 (William Craig) 於 1951 年所證明的❶。現將該定理的內容

---

❶ 克雷格在他的博士論文 *A Theorem about First-Order Functional Calculus with Identity, and Two Applications* 中首次證明此定理。這篇博士論文一直沒有出版，但克雷格卻先後發表了三篇論文討論該定理：

① "On Axiomatizability within a System";

② "Replacement of Auxiliary Expressions";

③ "Bases for First-Order Theories and Subtheories";

做粗略的說明。

設有一個公設系統，在此公設系統中必定會使用一些詞彙或語詞，我們簡稱之為「詞」(terms)。在公設中所出現的一切符號都是該公設系統中的詞。一個公設系統中的詞可分為邏輯詞 (logical terms) 及非邏輯詞 (nonlogical terms) 兩類。邏輯詞包括：語句連詞 (sentential connectives)～, ∨, ∧, →, ↔；變元 (variables) x, y, z, x_1, y_1, z_1, ……；量詞 (quantifiers) (x), (y), ……, (∃x), (∃y), ……；等同號 (identity) =；括弧 (　)；以及集合論的符號 ∩, ∪, ⊂, ∈。除此之外，其他一切符號或語詞均屬於非邏輯詞。科學理論必須含有非邏輯詞，否則便無具體內容。其實，除了邏輯系統及集合論之外，其他任何理論系統必定含有非邏輯詞。有時我們也許還要把一個理論系統中的非邏輯詞再分成兩類。例如：我們也許把一個哲學理論中的非邏輯詞分成哲學語詞及科學語詞兩類。有些人也許要把它們分成有意義的語詞及無意義的語詞兩類；或分成易懂的語詞及難懂的語詞兩類。社會科學理論中的非邏輯詞也許可分成描述性詞及評價性詞兩類。有些科學哲學家把科學理論中的非邏輯詞分成理論性詞及可觀察詞。總之，不管如何分類，我們不難想像：有時我們會根據某些標準把一個公設系統中的非邏輯詞分成兩類，而只關心含有某一類語詞的語句。例如：某些社會科學家只關心含有描述性詞的語句，而對含有評價性詞的語句不感興趣；一般人也許只關心哲學理論中含有科學語詞或易懂語詞的語句，而不關心含有哲學語詞或難懂語詞的語句。既然只關心含有某一類語詞的語句，為什麼不把理論系統中含有另一類語詞的公設刪除，而只保留含有第一

其中①乃是該定理的嚴格證明；②則是較淺顯的解說並討論該定理在科學哲學中的適用問題。

類語詞的公設呢？問題沒有這麼簡單。因為有些公設同時含有兩類語詞，若加以刪除，可能會使得原本可以從公設導出的只含有第一類語詞的語句，變成無法導出。例如：假設 G 屬於第一類語詞，H 屬於第二類語詞。又假設某一個公設系統中有下面兩個公設

⑴ $(x)(Hx \rightarrow Gx)$

⑵ $(\exists x)Hx$

我們不可因為只關心含有第一類語詞的語句，而把⑴和⑵這兩個含有第二類語詞 H 的公設刪除。即使只刪除⑵這個只含第二類語詞 H 而不含第一類語詞 G 的公設，而保留⑴，也不可以。因為由⑴和⑵可導出

⑶ $(\exists x)Gx$

這個只含有第一類語詞的語句。刪去⑴和⑵之中的任何一個，可能使⑶無法導出，而⑶是我們所關心的。

為了敘述方便起見，我們約定以 Γ 表示一個公設系統中所有公設所構成的集合，以 $O_1, O_2, \cdots\cdots, O_n$ 表示公設系統中所含之第一類非邏輯詞，以 $T_1, T_2, \cdots\cdots, T_m$ 表示其所含之第二類非邏輯詞，以 Γ_t 表示一切含有 $T_1, T_2, \cdots\cdots, T_m$ 等詞的公設所構成之集合，以 Γ_0 表示一切不含 $T_1, T_2, \cdots\cdots, T_m$，而只含 $O_1, O_2, \cdots\cdots, O_n$ 及邏輯詞的公設所構成的集合，以 Δ_0 表示一切不含 $T_1, T_2, \cdots\cdots, T_m$ 而只含 $O_1, O_2, \cdots\cdots, O_n$ 及邏輯詞的語句所構成的集合。我們在上一段說過：若把 Γ_t 全部刪除，而只保留 Γ_0，會使得原本可以從 Γ 導出的 Δ_0 中的語句變成無法導出。因為有些 Δ_0 中的語句，可以從 Γ（即 $\Gamma_1 \cup \Gamma_0$）導出，而無法從 Γ_0 導出。這一點可用符號式表示如下：

$$(\exists\alpha)[(\alpha \in \Delta_0) \wedge (\Gamma \vdash \alpha) \wedge (\Gamma_0 \nvdash \alpha)]$$

我們既然無法直截了當的把 Γ 中含有 $T_1, T_2, \cdots\cdots, T_m$ 等詞的公設 Γ_t 加以刪除，那麼有沒有其他辦法可以避免涉及 $T_1, T_2, \cdots\cdots, T_m$ 而仍然能夠保留原本可以由 Γ 導出的 Δ_0 中的語句?我們很自然的會想到一個辦法，就是設法構作新的公設系統 Γ' 以取代原來的公設系統 Γ；這個新系統 Γ' 中不含 $T_1, T_2, \cdots\cdots, T_m$ 等詞，而只含 $O_1, O_2, \cdots\cdots, O_n$ 等詞及邏輯詞，而由 Γ' 所導出的 Δ_0 中的語詞與由 Γ 所導出的 Δ_0 中的語句卻完全相同。也就是說，要設法構作一個公設系統 Γ'，使其滿足下面條件：

$$(\Gamma' \subset \Delta_0) \wedge (\alpha)[(\Gamma \vdash \alpha) \wedge (\alpha \in \Delta_0) \leftrightarrow (\Gamma' \vdash \alpha) \wedge (\alpha \in \Delta_0)]$$

現在的問題是：有沒有辦法構作滿足這樣條件的公設系統 Γ'？克雷格定理乃是對此問題提出肯定的回答。按照克雷格定理，對任一公設系統 Γ，我們一定可以構作一個滿足上式條件的公設系統 Γ'。

很明顯的，克雷格定理可適用於理論性概念的問題。設 Γ 為一個科學理論的公設系統，$T_1, T_2, \cdots\cdots, T_m$ 為此公設系統中的理論性詞，$O_1, O_2, \cdots\cdots, O_n$ 為此公設系統中的可觀察詞，Γ_t 為 Γ 中一切含有 $T_1, T_2, \cdots\cdots, T_m$ 等詞之公設所構成之集合，Γ_0 為 Γ 中一切不含 $T_1, T_2, \cdots\cdots, T_m$ 的公設所構成之集合，Δ_0 為一切不含 $T_1, T_2, \cdots\cdots, T_m$ 之語句所構成之集合。按照克雷格定理，我們可以構作另一公設系統 Γ' 滿足下面兩個條件：(i) Γ' 中不含理論性詞；(ii)任何不含理論性詞的語句，若能從原公設系統 Γ 導出，則亦必能由新公設系統 Γ' 導出，反之，若能由 Γ' 導出，則亦必能由 Γ 導出。這似乎表示：只用可觀察詞而不用理論性詞，就可以建構科學理論，用以說明及推測可觀察事象；因而理論性詞是可以消除的。然而，問題並沒有表面上看來那樣單純；

我們必須考察克雷格定理的證明細節，才能判斷它到底能不能用來解決有關理論性概念的爭論。因此，我們將詳述克雷格定理的證明步驟。但在證明該定理之前，必須先解說兩個相關的概念，即：公設系統及葛代爾數。

三、公設系統與葛代爾數

1. 公設系統 (axiom systems)：一個公設系統包含下列六個項目：

(a) 基本符號 (primitive symbols)：在一系統中不必加以定義即可使用的符號。

(b) 形成規則 (formation rules)：規定基本符號如何排列始能形成句式 (formulas) 的規則。

(c) 公設 (axioms)：在一系統中不必加以證明即可接受的句式。

(d) 推論規則 (rules of inference)：規定由何種形式的句式可推出何種形式的句式的規則。

(e) 證明 (proofs)：設有一串句式 $\phi_1, \phi_2, \cdots\cdots, \phi_n$，若其中每一句式 ϕ_i 必定是公設或者是由在 ϕ_i 之前的句式（亦即 $\phi_1, \phi_2, \cdots\cdots, \phi_{i-1}$ 中的句式）依據推論規則所推出的，則這串句式即為此公設系統中的一個證明。

(f) 定理 (theorems)：每一個證明的最後一個句式即為此公設系統中的定理。此證明即為該定理之證明。

一個公設系統，除了必須具有上述六個項目之外，還必須具備下列條件：

(i) 必須要有固定的程序足以判定一個符號是否為該公設系統

中的基本符號。換言之，必須有一個機械性的方法，只要按照固定的程序，一步一步做下去，經過有限的步驟，一定可以判定一個符號是否為基本符號。

(ii) 基本符號的個數可以是有限的，也可以是無限的，但必須是可數的 (countable)；換言之，必須與自然數的一部分或全部一一對應。

(iii) 必須要有固定的程序足以判定一串基本符號是否為合於形成規則的句式。

(iv) 必須要有固定的程序足以判定一個句式是否為公設。

(v) 必須要有固定的程序能夠使公設與自然數的一部分或全部一一對應。

(vi) 必須要有固定的程序足以判定一個句式是否可依據某一推論規則由某些句式導出。

(vii) 推論規則的個數必須是有限的。

一個公設系統若具備上面七個條件，則也必會具有下面的條件：

(viii) 有固定的程序足以判定任意一串句式是否為一個證明。(這個條件可由條件(iv)，(vi)，(vii)以及證明之定義(e)導出。)

我們在此必須指出三點：

第一，通常的公設系統中，公設的個數是有限的，但也有例外。一個公設系統中的公設個數若是有限的，則必能滿足條件(iv)和(v)。反之，滿足條件(iv)和(v)的公設系統，其公設個數卻不一定是有限的：公設個數無限的公設系統仍然可能滿足條件(iv)和(v)。舉例言之，語句邏輯的公設系統固然可以列出下列三個公設：

公設 1 $P \rightarrow (Q \rightarrow P)$

公設 2 $(P \rightarrow (Q \rightarrow R)) \rightarrow ((P \rightarrow Q) \rightarrow (P \rightarrow R))$

公設 3 $(\sim Q \rightarrow \sim P) \rightarrow ((\sim Q \rightarrow P) \rightarrow Q)$

及下列兩條推論規則：

推論規則 1 設 ϕ, ψ，為任意句式，則由 ϕ 及 $(\phi \rightarrow \psi)$ 可推出 ψ。

推論規則 2 設 ψ 為 ϕ 中所含之單句式，ϕ^{ψ}/χ 為以 χ 取代 ϕ 中之每一個 ψ 所得之句式，則由 ϕ 可推出 ϕ^{ψ}/χ。

但是，我們也可以使公設的個數增加至無限多，而刪去第二條推論規則。詳言之，我們可以把具有下列形式的句式都當做公設：

公設架式 1 $\phi \rightarrow (\psi \rightarrow \phi)$

公設架式 2 $(\phi \rightarrow (\psi \rightarrow \chi)) \rightarrow ((\phi \rightarrow \psi) \rightarrow (\phi \rightarrow \chi))$

公設架式 3 $(\sim \psi \rightarrow \sim \phi) \rightarrow ((\sim \psi \rightarrow \phi) \rightarrow \psi)$

而且保留第一條推論規則，刪去第二條。這兩個公設系統所能證出的定理完全相同。因為使用第二條推論規則，由公設 1～3 所推出的句式恰好就是具有公設架式 1～3 等形式的句式。具有這三種形式的句式有無限多個，故第二個公設系統的公設個數是無限的。然而這個公設系統卻滿足條件(iv)和(v)❷。

---

❷ 我們可以用丘崎 (Alonzo Church) 在 *Introduction to Mathematical Logic*, Vol. I, pp. 70–71 所設計的固定程序來判定任一句式的主要連詞。若有固定程序足以判定任一句式的主要連詞，則可以連續使用此種程序以判定任一句式是否具有公設架式 1～3 的形式。故條件(iv)的滿足不成問題。至於條件(v)，則因為每一個公設都有唯一的葛代爾數與之對應，故亦不成問題。關於葛代爾數，請看本節 2。

第二，除了極少數的公設系統之外，通常沒有固定的程序足以判定任意一個句式是否為定理。換言之，沒有固定的程序足以判定任意一個句式是否有證明。

第三，即使已知某一句式是定理（亦即有證明），也沒有固定的程序足以尋求此定理之證明。

以上是解說公設系統，下面將解說另一個概念，即葛代爾數。

2. 葛代爾數 (Gödel numbers)：

我們可以設計一種賦值的方法，對於一個系統中的每一個符號、每一串符號（或稱「符號串」），以及每一串符號串，都賦予一個自然數。這樣賦予的自然數，叫做該符號或該符號串或該串符號串的葛代爾數。我們所設計的賦值方法必須滿足下列條件：

(i) 每一符號、每一個符號串，以及每一串符號串必定有一個葛代爾數，而且也只有一個葛代爾數。

(ii) 每一個葛代爾數只能賦予一個符號或一個符號串或一串符號串。

(iii) 有固定的程序可以找出任意一個符號、任意一個符號串，以及任意一串符號串的葛代爾數。

(iv) 有固定的程序足以判定任意一個自然數是否為葛代爾數。

(v) 若已知某一自然數是葛代爾數，則有固定的程序可以找出該自然數是那一個符號或那一個符號串或那一串符號串的葛代爾數。

有各種各樣不同的賦值方法，可以滿足上面五個條件。我們現在就設計一種賦值的方法如下：

(a) 首先，我們對一個公設系統中的每一個符號都要賦予一個自然數，做為該符號的葛代爾數。一個公設系統中的符號可分成邏輯符號及非邏輯符號兩類。非邏輯符號又可分成運算符號 (operation symbols) 及述詞 (predicates)❸。現在分別列出它們的葛代爾數。

邏輯符號：	(	)	∼	∨	∧	→	↔	∃
	3	5	7	9	11	13	15	17
	=	x_1	x_2	x_3	x_4	—	—	—
	19	21	27	33	39	—	—	—

非邏輯符號：

運算符號：	f_0^1	f_0^2	f_0^3	f_0^4	—	—	—
	35	71	179	503	—	—	—
	f_1^1	f_1^2	f_1^3	f_1^4	—	—	—
	53	125	341	989	—	—	—
	f_2^1	f_2^2	f_2^3	f_2^4	—	—	—
	89	233	665	1961	—	—	—
	—	—	—	—	—	—	—
	—	—	—	—	—	—	—

❸ 我們把語句看做零元述詞。

述詞：	p_1^0	p_2^0	p_3^0	p_4^0	—	—	—
	37	73	181	505	—	—	—
	p_1^1	p_2^1	p_3^1	p_4^1	—	—	—
	55	127	343	991			
	p_1^2	p_2^2	p_3^2	p_4^2	—	—	—
	91	235	667	1963	—	—	—
	—	—	—	—	—	—	—
	—	—	—	—	—	—	—

設以 α 表任意符號，以 $g(\alpha)$ 表示 α 的葛代爾數，則上述的賦值方法可用算式表示如下：

$g(()=3;$　$g())=5;$　$g(\sim)=7;$　$g(\wedge)=9;$

$g(\vee)=11;$　$g(\rightarrow)=13;$　$g(\leftrightarrow)=15;$　$g(\exists)=17;$

$g(=)=19;$　$g(x_k)=15+6k;$

$g(f_k^n)=17+6(2^n\cdot 3^k);$　$g(p_k^n)=19+6(2^n\cdot 3^k)$

很明顯的，按照這個賦值方法，每一個符號只有一個葛代爾數，而且也不會有兩個不同的符號共有一個葛代爾數；換言之，符號與葛代爾數之間有一一對應的關係。另外值得一提的是：任意符號的葛代爾數都是奇數，沒有偶數。如此設計的目的，稍後即可明瞭[4]。

(b) 其次，我們要對任意有限個數的符號所排列而成一串符號（又稱「符號串」）賦予自然數，做為該符號串的葛代爾數。其方法如下：

①先算出該符號串中符號的個數。設其個數為 n，則從 2 開始，由小到大，依次寫出質數，一直寫到第 n 個質數為止。換言之，即寫出下列質數

$$2 \quad 3 \quad 5 \quad 7 \quad 11 \quad 13 \quad 17 \quad 19 \quad \cdots \quad p_n$$

其中 p_n 表示第 n 個質數。

②把該符號串中每一個符號的葛代爾數，按照符號出現的先後，依次寫在那 n 個質數的右上方，做為那些質數的指數。換言之，把第 i 個符號的葛代爾數做為第 i 個質數的指數 。設以 $\alpha_1, \alpha_2, \alpha_3, \cdots\cdots, \alpha_n$ 表該符號串，則寫出

$$2^{g(\alpha_1)}, 3^{g(\alpha_2)}, 5^{g(\alpha_3)}, 7^{g(\alpha_4)}, 11^{g(\alpha_5)}, 13^{g(\alpha_6)}, \cdots\cdots, p_n^{g(\alpha_n)}\text{。}$$

③把以上所得的數相乘，即得該符號串的葛代爾數，亦即得

$$2^{g(\alpha_1)} \cdot 3^{g(\alpha_2)} \cdot 5^{g(\alpha_3)} \cdot 7^{g(\alpha_4)} \cdot 11^{g(\alpha_5)} \cdot 13^{g(\alpha_6)} \cdot \cdots\cdots \cdot p_n^{g(\alpha_n)}$$

我們若以 $g(\alpha_1, \alpha_2, \alpha_3, \cdots\cdots, \alpha_n)$ 表該符號串的葛代爾數，則上述三個步驟可寫成下面的式子：

$$g^{(\alpha_1, \alpha_2, \alpha_3, \cdots, \alpha_n)} = 2^{g(\alpha_1)} \cdot 3^{g(\alpha_2)} \cdot 5^{g(\alpha_3)} \cdot 7^{g(\alpha_4)} \cdot 11^{g(\alpha_5)} \cdot 13^{g(\alpha_6)} \cdot \cdots\cdots \cdot p_n^{g(\alpha_n)}$$

句式乃是有限個符號所排成的符號串，故可用上述方法寫出其葛代爾數。舉例言之，$(x_2)(p_1{}^1x_2 \rightarrow p_2{}^1x_2)$ 之葛代爾數即可用此法求得：

$$g((x_2)(p_1{}^1x_2 \rightarrow p_2{}^1x_2)) = 2^{g(()} \cdot 3^{g(x_2)} \cdot 5^{g())} \cdot 7^{g(()} \cdot 11^{g(p_1{}^1)} \cdot 13^{g(x_2)} \cdot 17^{g(\rightarrow)} \cdot$$
$$19^{g(p_2{}^1)} \cdot 23^{g(x_2)} \cdot 29^{g())}$$

---

❹ 請參看註❺。

$$=2^3\cdot 3^{27}\cdot 5^5\cdot 7^3\cdot 11^{55}\cdot 13^{27}\cdot 17^{13}\cdot 19^{127}\cdot 23^{27}\cdot 29^5$$

很明顯的，每一個符號串只有一個葛代爾數。但會不會有兩個不同的符號串共有一個葛代爾數呢？答案是否定的。其理由待稍後詳述。另外有一點必須注意的是：符號串的葛代爾數必定為偶數；因為第一個質數就是 2。

(c) 最後，我們要對任意有限個符號串所排成的一串符號串賦予自然數，做為該串符號串的葛代爾數。其賦值的方法與(b)賦予符號串的方法相似。因此，我們不再詳述，而只寫出賦值的公式：設 $\beta_1, \beta_2, \beta_3, \cdots\cdots, \beta_n$ 皆為符號串，而以 $g(\beta_1, \beta_2, \beta_3, \cdots\cdots, \beta_n)$ 表示這些符號串所排成之一串符號串之葛代爾數，則

$$g(\beta_1, \beta_2, \beta_3, \cdots\cdots, \beta_n)=2^{g(\beta_1)}\cdot 3^{g(\beta_2)}\cdot 5^{g(\beta_3)}\cdot 7^{g(\beta_4)}\cdot 11^{g(\beta_5)}\cdot 13^{g(\beta_6)} \cdots\cdots\cdot p_n^{g(\beta_n)}$$

證明乃是由有限個句式所排成的一串句式，而句式又是有限個符號所排成的符號串。因此，我們可用上面的公式求得任意一個證明的葛代爾數。很明顯的，每一串符號串或每一個證明只有一個葛代爾數；而且其葛代爾數必為偶數。

上面所述的賦值方法很明顯的是一個固定的程序，而且任何一個符號或一個符號串或一串符號串都不會有兩個互不相同的葛代爾數；故可以滿足條件(i)和(iii)。那麼可否滿足條件(ii)，(iv)，(v)呢？答案是肯定的。現在說明如下：

設 γ 為任意自然數。我們可用下面的固定程序來判定它是否為葛代爾數，以及是那一個符號或那一個符號串或那一串符號串的葛代

爾數。

(A) 以 2 除 γ。若不能整除，則 γ 為奇數，故不可能是任何一個符號串或一串符號串的葛代爾數❺。現在，用賦值方法的步驟(a)的算式，可以判定 γ 是否為葛代爾數，如果是葛代爾數，則它是哪一個符號的葛代爾數。其方法如下：

①若 $3 \leq \gamma \leq 19$，則從步驟(a)的算式可以判定 γ 到底是 (,), ～, ∧, ∨, →, ↔, ∃, = ，中那一個符號的葛代爾數。

②若 $\gamma \geq 21$，則求出下列三式中的那一式，n 及 k 之值會是自然數

$\gamma = 15 + 6k$

$\gamma = 17 + 6(2^n \cdot 3^k)$

$\gamma = 19 + 6(2^n \cdot 3^k)$

若三式中 n 及 k 之值皆非自然數，γ 則不是任何符號之葛代爾數。若第一式中之 k 為自然數，則 γ 為 x_k 之葛代爾數。若第二式中之 n 及 k 為自然數，則 γ 為 f_k^n 之葛代爾數。若第三式中之 n 及 k 為自然數，則 γ 為 p_k^n 之葛代爾數。對同一個自然數 γ，這三式中最多只有一式中的 n 及 k 會是自然數，因為 6 的倍數加減 2 或 4 之後不可能仍為 6 的倍數。因此，不會有不相同的符號共有一個葛代爾數的情形。故條件(ii)得以滿足。再者，有固定的程序可以判定三式中的 n 及 k 是否為自然數；如果是自然數，則也可判定其數值為何。故條件(iv)及(v)亦得以

❺ 我們在(a)中，故意使符號的葛代爾數都是奇數而沒有偶數，其目的就是要使符號的葛代爾數都是奇數而使任一個符號串或任一串符號串的葛代爾數都是偶數。

滿足。

(B) 若 2 能整除 γ，則 γ 為偶數，故不可能是任何一個符號的葛代爾數。在此情形下，γ 可能不是葛代爾數，可能是某一符號串的葛代爾數，也可能是某一串符號串的葛代爾數。現在，用賦值方法的步驟(b)及(c)中的算式，可以判定 γ 是否為葛代爾數，如果是葛代爾數，則也可判定它是那一個符號串或那一串符號串的葛代爾數。其方法如下：

①連續以 2 除 γ，一直到無法再整除時才停止，亦即一直到所得到的商數不含有 2 的因子時為止。設總共除了 δ_1 次，而商數為 γ_1，則得到下面的式子：

$$\gamma = 2^{\delta_1} \cdot \gamma_1$$

然後，再連續以第二個質數 3 除 γ_1，也一直到無法再整除時為止。設總共除了 δ_2 次，而商數為 γ_2，則得

$$\gamma = 2^{\delta_1} \cdot 3^{\delta_2} \cdot \gamma_2$$

仿照這個方法，由小到大，依次用質數除下去。假定除到某一質數 p_n 為止，所得商數不等於 1 而且無法被下一個質數 p_{n+1} 整除。換言之，得到下面的式子：

$$\gamma = 2^{\delta_1} \cdot 3^{\delta_2} \cdot 5^{\delta_3} \cdot 7^{\delta_4} \cdot 11^{\delta_5} \cdots\cdots \cdot p_n^{\delta_n} \cdot \gamma_n$$

其中 γ_n 不等於 1 且不能被 p_{n+1} 整除。在此情形下，γ 不是葛代爾數。反之，若除到某一質數 p_n 為止，所得商數為 1；換言之，得到下面的式子：

$$\gamma = 2^{\delta_1} \cdot 3^{\delta_2} \cdot 5^{\delta_3} \cdot 7^{\delta_4} \cdot 11^{\delta_5} \cdots\cdots \cdot p_n^{\delta}$$

則進行下面的步驟。

②看看 $\delta_1, \delta_2, \delta_3, \cdots\cdots, \delta_n$ 是否全部為奇數，或全部為偶數，或者奇偶數都有。若奇偶數都有，則 γ 不是葛代爾數。

③若 $\delta_1, \delta_2, \delta_3, \cdots\cdots, \delta_n$ 全部為奇數，則這些奇數不可能是符號串的葛代爾數。它們可能是符號的葛代爾數，也可能不是葛代爾數。因此，我們可以用步驟(A)來判定它們是否為葛代爾數；若是葛代爾數，則也可以判定是那些符號的葛代爾數。$\delta_1, \delta_2, \delta_3, \cdots\cdots, \delta_n$ 之中只要有一個不是葛代爾數，則 γ 也不是葛代爾數。反之，若它們全部為葛代爾數，則分別求出它們是那些符號的葛代爾數，再把那些符號依次排成一串符號。γ 就是這個符號串的葛代爾數。

④若 $\delta_1, \delta_2, \delta_3, \cdots\cdots, \delta_n$ 全部為偶數，則這些偶數不可能是符號的葛代爾數。它們可能是符號串的葛代爾數，也可能根本不是葛代爾數。因此，我們可以用步驟(B)①～③分別判定它們是否為葛代爾數；若是葛代爾數，則也可以判定它們分別是那些符號串的葛代爾數。$\delta_1, \delta_2, \delta_3, \cdots\cdots, \delta_n$ 之中只要有一個不是葛代爾數，則 γ 也不是葛代爾數。反之，若全部為葛代爾數，則分別求出它們是那些符號串的葛代爾數，再把那些符號串依次排成一串符號串。γ 就是這串符號串的葛代爾數。

從上述①～④四個步驟中，我們可以很明顯的看出：條件(ii)，(iv)，(v)皆得以滿足。

四、克雷格定理的證明

說明了公設系統及葛代爾數兩個概念之後，我們將在本節敘述克雷格定理的證明步驟。在證明過程中會一再使用第三節所述的有關公設系統及葛代爾數的概念。為了方便起見，現在再將克雷格定理覆述如下：

設 Γ 為任意一個公設系統中所有公設所構成的集合；隨意將 Γ 中所含的非邏輯詞分成兩類：$\{O_1, O_2, \cdots\cdots, O_n\}$ 及 $\{T_1, T_2, \cdots\cdots, T_m\}$；$\Delta_0$ 為一切不含 $T_1, T_2, \cdots\cdots, T_m$ 的句式所構成的集合。則一定可以構作一個公設系統 Γ'，滿足下面條件：

$$(\Gamma' \subset \Delta_0) \wedge (\alpha)[(\Gamma \vdash \alpha) \wedge (\alpha \in \Delta_0) \leftrightarrow (\Gamma' \vdash \alpha) \wedge (\alpha \in \Delta_0)]$$

㈠現在先說明構作 Γ' 的方法：

⒜從 1 開始，由小到大，將自然數逐一加以檢證，看看是否為 Γ 中任何證明的葛代爾數，其方法如下：

①用第三節所述的固定程序⒜和⒝判定自然數 i 是否為一串符號串的葛代爾數。

②若不是，則 i 不是任何證明的葛代爾數。

③若 i 是某一串符號串的葛代爾數，則依照第三節所述的固定程序⒜和⒝，把該串符號串寫出。

④根據公設系統的條件⒤，我們必定有固定的程序足以判定一個符號串是否為句式。因此，我們就用這種固定的程序來檢驗步驟③所寫出的那串符號串中的每一個符號串，判定其是否為句式。若有一個符號串不是句式，則 i 不是任何證明的葛代爾數。

⑤若該串符號串中的每一個符號串皆為句式，則這串符號串乃是一串句式。根據公設系統的條件(viii)，我們有固定的程序足以判定一串句式是否為一個證明。因此，我們就用這種固定的程序來判定剛才那一串句式是否為 Γ 中的一個證明。若不

是，則 i 不是任何證明的葛代爾數；若是一個證明，則 i 即為此證明之葛代爾數。

(B)一個自然數 i，若是 Γ 中一個證明的葛代爾數，則查看該證明的最後一個句式是否屬於 Δ_0。若不屬於 Δ_0，則放棄。若屬於 Δ_0，則把這個句式寫下來，然後進行下一步驟。

(C)把步驟(B)所寫下的句式重複寫 i 次，做為連言因子，用連言號把它們連成連言。換言之，設 β 為步驟(B)所寫下的句式，則寫出 i 個 β 所構成的連言：

$$\underbrace{\beta\wedge\beta\wedge\cdots\wedge\beta}_{\text{i 個}}$$

我們按照自然的次序，不停地重複上述步驟(A)，(B)，(C)，可以依次列出無限多個句式。這無限多個句式所構成的集合即為新公設系統的公設集合 Γ'。新公設系統除了公設與原系統不同外，基本符號也由 $\{O_1, O_2, \cdots\cdots, O_n, T_1, T_2, \cdots\cdots, T_m\}$ 縮小成 $\{O_1, O_2, \cdots\cdots, O_n\}$，因而形成規則也必須做相應的調整，把涉及 $\{T_1, T_2, \cdots\cdots, T_m\}$ 的形成規則加以刪除。至於推論規則卻保持不變。此外，證明與定理的內容雖然不同，但其定義卻保持不變。

(二)其次，我們要證明：用上述方法所構作的新系統 Γ' 確實滿足第三節所述公設系統必須具備的七個條件。

(A)原系統 Γ 既然是一個公設系統，必已具備這七個條件。新系統 Γ' 的基本符號 $\{O_1, O_2, \cdots\cdots, O_n\}$ 及形成規則是原系統 Γ 的基本符號 $\{O_1, O_2, \cdots\cdots, O_n, T_1, T_2, \cdots\cdots, T_m\}$ 及形成規則之部分集合，故 Γ' 仍滿足條件(i)，(ii)，(iii)。又因 Γ 和 Γ' 的推論規則

相同，故 Γ' 亦滿足條件(vi)及(vii)。現在，只須再證明 Γ' 滿足條件(iv)及(v)即可。

(B)先證明 Γ' 滿足條件(v)：Γ' 的構作過程是一種固定的程序。按照這種固定程序，我們可以依次寫出 Γ' 的公設，使第一個寫出的公設與 1 對應，第二個寫出的公設與 2 對應，依此類推，以至無窮。故知有固定的程序能夠使 Γ' 中的公設與自然數一一對應。

(C)再證明 Γ' 滿足條件(iv)：任一個句式 ϕ，我們可用下面的固定程序判定它是否為 Γ' 中的公設：

①先判定 ϕ 是否屬於 Δ_0。若不屬於 Δ_0，則 ϕ 非 Γ' 之公設；若屬於 Δ_0，則進行下面步驟。

②判定 ϕ 是否具有下面的形式：

$\beta \wedge \beta \wedge \cdots \wedge \beta$

若不具此形式，則 ϕ 不是 Γ' 中之公設。

③若 ϕ 具此形式，則算出 β 之個數。

④設 β 之個數為 i。用第三節步驟(A)和(B)的固定程序，判定 i 是否是一串符號串之葛代爾數。若不是，則 ϕ 非 Γ' 中之公設。

⑤若 i 為一串符號串之葛代爾數，則用第三個步驟(B)④的固定程序寫出該串符號串。

⑥判定該串符號串的每一個符號串是否為 Γ 中的句式。因 Γ 滿足公設系統的條件(iii)，故有固定程序可做這種判定。若有一個符號串不是 Γ 中之句式，則 ϕ 非 Γ' 中之公設。

⑦若該串符號串中之每一個符號串均為 Γ 中之句式，則該串符

號串即為一串句式。因此可用固定程序判定這串句式是否為 Γ 中之證明。因為 Γ 滿足公設系統的條件(viii)，故有此固定程序。

⑧若該串句式非 Γ 中之證明，則 ϕ 非 Γ' 中之公設。反之，若該串句式為 Γ 中之證明，則判定這個證明的最後一個句式是否為 β。

⑨若該證明的最後一個句式不是 β，則 ϕ 非 Γ' 中之公設；若是，則 ϕ 為 Γ' 中之公設。

①～⑨步驟都是固定程序，故知有固定程序足以判定任一句式 ϕ 是否為 Γ' 中之公設。因而，Γ' 可滿足公設系統的條件(iv)。

以上(A)、(B)、(C)證明了新系統 Γ' 是一個公設系統，滿足了公設系統所必備的條件(i)～(vii)。

(三)最後，我們要證明

(4) $(\Gamma'\subset\Delta_0)\wedge(\alpha)[(\Gamma\vdash\alpha)\wedge(\alpha\in\Delta_0)\leftrightarrow(\Gamma'\vdash\alpha)\wedge(\alpha\in\Delta_0)]$

(A)按照上面(一)(A)～(C)所述構作 Γ' 之方法，Γ' 中任一公設 ϕ 必定具備下列各條件：

① ϕ 必定是某一句式 β 的重複連言 $\beta\wedge\beta\wedge\cdots\cdots\wedge\beta$。(參看(一)(C))

② β 必定是 Γ 的定理。(參看(一)(A))

③ β 必定屬於 Δ_0。(參看(一)(B))

由條件①和③，得知

(5) $\Gamma'\subset\Delta_0$

又因為由 β 可導出 $\beta\wedge\beta\wedge\beta\wedge\cdots\cdots\wedge\beta$，故由條件①和②得知：

(6) $(\alpha)[(\alpha\in\Gamma')\rightarrow(\Gamma\vdash\alpha)]$

因 [⊢] 具有傳遞性，故可由⑹推知

⑺　$(\alpha)[(\Gamma'\vdash\alpha)\rightarrow(\Gamma\vdash\alpha)]$

而由⑺又可推知

⑻　$(\alpha)[(\Gamma'\vdash\alpha)\wedge(\alpha\in\Delta_0)\rightarrow(\Gamma\vdash\alpha)\wedge(\alpha\in\Delta_0)]$

(B)按照 Γ' 的構作方法，Γ 中的任一定理 α，只要 α 屬於 Δ_0，都會形成重複連言 $\alpha\wedge\alpha\wedge\cdots\cdots\wedge\alpha$，而做為 Γ' 的公設。又因為由 $\alpha\wedge\alpha\wedge\cdots\cdots\wedge\alpha$ 可導出 α，故知

⑼　$(\alpha)[(\Gamma\vdash\alpha)\wedge(\alpha\in\Delta_0)\rightarrow(\Gamma'\vdash\alpha)\wedge(\alpha\in\Delta_0)]$

因由⑸、⑻、⑼三式可推得⑷，故⑷得證。

五、克雷格定理與理論性概念之消除

我們在第二節最後一段曾指出：我們若把一個公設系統中所含之非邏輯詞分成可觀察詞及理論性詞，則根據克雷格定理，我們可以構作一個不含理論性詞的新公設系統，而由新舊兩系統所能導出的不含理論性詞的語句完全相同。這是不是表示克雷格定理可用來消除科學理論中的理論性詞呢？這是本節所要討論的。

首先，我們要指出，不是任何科學理論皆可適用克雷格定理。一個科學理論系統必須具備下列條件才可適用克雷格定理：

(i)科學理論必須能夠公設化；換言之，必須能夠構成一個公設系統，使其滿足公設系統必備條件(i)～(vii)；否則第四節中的步驟(一)(A)即無固定程序。

(ii)必須有固定程序足以判定科學理論中的任一非邏輯詞是可觀察詞還是理論性詞；否則第四節中的(一)(B)及(二)(C)①兩個步驟

即無固定程序。

(iii)必須有相當於簡化律 (law of simplification) 及附加律 (law of adjunction) 的推論規則；否則第四節中的(三)(A)及(三)(B)即無法得證。

以上三個條件，只有條件(iii)不成問題。關於條件(i)，到目前為止，絕大多數的科學理論都未能公設化；至於將來一切科學理論是否都可以公設化，也未必有定論❻。但這不是我們所要討論的問題。我們所要討論的是：在一個可以公設化的科學理論中，克雷格定理是否確實可用來消除理論性詞？關於條件(ii)，理論性詞與可觀察詞之間有無明確的區分標準，也是一個爭論未決的問題。我們將在下一節詳細探討。本節所要討論的是：即使在克雷格定理可以適用的場合，理論性詞是否確實可以消除？換言之，即使 Γ 滿足了上述條件，因而能夠構作 Γ′，是否足以表示理論性詞是多餘的？

有些哲學家認為即使能構作 Γ′，也不表示理論性詞確實可以消除。他們所持的理由如下。

在構作 Γ′ 的過程中一定要寫出 Γ 中的證明，因而必須要用到 Γ 的公設，而 Γ 的公設含有理論性詞。故理論性詞雖然表面上不出現於 Γ′ 的公設之中，但實際上在構作 Γ′ 的公設時是不可欠缺的。有些哲學家即據此理由認定不能用構作 Γ′ 的方法來消除理論性詞。持此看法的哲學家有納格爾❼、馬克斯威爾 (Grover Maxwell)❽、史馬特 (J. J. C. Smart)❾、蘇培 (Frederich Suppe)❿等人。

---

❻ 請參看史馬特 (J. J. C. Smart) 的論文 "Theory Construction"。

❼ 參看納格爾的 *The Structure of Science*, p. 137.

❽ 參看馬克斯威爾的 "The Ontological Status of Theoretical Entities," pp. 17–18.

這個看法能不能成立呢？馬克斯威爾曾設想一個反對這個看法的理由，然後加以反駁⓫。他所設想的理由是這樣的。我們雖然有固定程序可以構作一個不含理論性詞的公設系統 Γ′ 來取代原來的公設系統 Γ；但這個固定程序並非構作 Γ′ 的唯一途徑，我們有可能直接發現 Γ′ 中的所有句式都是真的，因而把它們組成 Γ′，根本不必透過 Γ 來構作 Γ′。換言之，克雷格在證明一定可以構作 Γ′ 來取代 Γ 時，固然提供了一個構作 Γ′ 的固定程序；但我們一旦知道一定會有這樣的 Γ′ 之後，卻可以用別種途徑來構作 Γ′，不一定非透過 Γ 不可。只要有可能不透過 Γ 來構作 Γ′，則理論性詞就不是非有不可的了。馬克斯威爾對於自己所設想的這個理由曾加以反駁。但他的反駁涉及工具論的問題，我們不擬在本節詳述。我們現在只要指出：根本不可能不透過 Γ 而直接構作 Γ′。因為 Γ 的定理有無限多個，而每一個 Γ 中的定理至少要有一個 Γ′ 中的公設與之對應。若不透過 Γ 來構作 Γ′，則永遠無法判斷我們所構作的公設系統是否就是 Γ′。

除了馬克斯威爾所設想的理由之外，克雷格也提出一個理由反對 Γ′ 的構作過程中必須使用理論性詞的看法⓬。克雷格認為構作 Γ′ 的過程中可以完全避免使用理論性詞。其方法如下：在構作 Γ′ 之前，先把 Γ 中的公設和證明全部改寫成葛代爾數，這樣理論性詞即不再出現；因此，在構作 Γ′ 的過程中即不涉及理論性詞，而只涉及理論性詞的葛

❾ 參看史馬特的 *Between Science and Philosophy*, pp. 150–151; 及 *Philosophy and Scientific Realism*, pp. 32–33.

❿ 參看蘇培的 *The Structure of Scientific Theories*, p. 32.

⓫ 參看馬克斯威爾的 “The Ontological Status of Theoretical Entities,” pp. 17–19.

⓬ 參看克雷格的 “Replacement of Auxiliary Expressions,” p. 50.

代爾數。其實，這種方法並不能真正在構作 Γ′ 的過程中消除理論性詞。我們按照這種方法構作 Γ′ 時雖然沒有用到理論性詞，但仍然用到理論性詞的葛代爾數。如果只要用葛代爾數來代替理論性詞就算消除了理論性詞，則我們只要把 Γ 的公設都寫成葛代爾數也就算消除了理論性詞，根本不必構作 Γ′。其實，何只理論性詞，甚至連可觀察詞及邏輯符號都消除了。克雷格也許會說：把 Γ 寫成葛代爾數之後，固然消除了理論性詞，但其內容也變了，不再是原來的公設系統 Γ。我們若接受這種說法，則在構作 Γ′ 之前，又為何能夠先把 Γ 寫成葛代爾數？再者，在構作 Γ′ 的過程中，又為何可以把葛代爾數還原成符號、句式或證明？很明顯的，我們所以能夠這樣做，乃是因為把葛代爾數當做符號、句式，或證明的代表。既然如此，則把 Γ 寫成葛代爾數之後，其內容並未改變。克雷格也許會認為：既然 Γ 的內容沒有改變，則寫成葛代爾數之後，並沒有真正消除理論性詞。我們贊同這個說法。但若接受這個說法，則在構作 Γ′ 之前，先把 Γ 中的公設及證明寫成葛代爾數，也同樣不能真正消除理論性詞。總之，葛代爾數若代表符號、句式，或證明，則克雷格的方法並沒有在 Γ′ 的構作過程中真正消除理論性詞；反之，葛代爾數若不代表符號、句式，或證明，則根本不可以把符號、句式，或證明改寫成葛代爾數，也不可以把葛代爾數還原，因而克雷格的方法無法進行，甚至連第四節構作 Γ′ 的步驟都無法進行。克雷格或許還會辯稱：在構作公設系統之前或在構作的過程中所使用的理論性詞，只要寫成葛代爾數，就算消除了理論性詞；反之，在公設系統的公設及證明中，則必須連理論性詞的葛代爾數都避免使用，才算真正消除了理論性詞。因此，只把 Γ 的公設及證明改寫成葛代爾數，不算真正消除了理論性詞；必須要構作 Γ′ 才算，因為雖然在

Γ′ 的構作過程中會使用到理論性詞的葛代爾數，但 Γ′ 中的公設及證明不但沒有理論性詞，即使寫成葛代爾數也不會有理論性詞的葛代爾數。我們認為上面的辯詞有相當理由。公設系統中的公設及證明含有理論性詞是一回事；在構作公設系統的過程中用到理論性詞又是另一回事。兩者不可混為一談。我們在下一段即將說明：只要在公設及證明中消除理論性詞，就算消除了公設系統的理論性詞；至於在構作公設系統中有無用到理論性詞，則是不相干的問題。果真如此，則 Γ′ 確實消除了理論性詞。但這是因為 Γ′ 的公設及證明中沒有理論性詞，而不是因為在構作時所用到的理論性詞可以事先改寫成葛代爾數。可見，克雷格在構作 Γ′ 之前，先把 Γ 的公設及證明改寫成葛代爾數，乃是不必要的；這與理論性詞能否消除無關。其實，在構作 Γ′ 的過程中，從頭到尾都以葛代爾數來取代理論性詞，完全避免使用理論性詞，乃是不可能的。因為當我們要把 Γ 中的公設和證明改寫成葛代爾數時，我們必須先寫出 Γ 的公設和證明，否則無從改寫；而只要寫出 Γ 的公設及證明，就已寫出了 Γ 中所含的理論性詞。

我們上面兩段反駁了馬克斯威爾所設想的理由以及克雷格所支持的理論。這兩個理由都是用來反對同一個看法，即：Γ′ 的構作過程中必須使用理論性詞。我們反駁了這兩個理由，我們認為：構作 Γ′ 的過程中確實無法避免理論性詞的使用。但這並不表示我們認為：把 Γ 改寫成 Γ′ 之後，理論性詞未能消除。相反的，我們認為：只要 Γ′ 的公設及證明中不含理論性詞，則理論性詞就已消除；我們沒有理由要求在 Γ′ 的構作過程中也不可用到理論性詞。舉一個淺顯的例子就足以說明這一點。假定有一位英文教授指定一篇十七世紀的英國散文，要學生把它改寫成現代英文，在改寫過的文章中不可出現英文古字，例如：

“hath”、“betwixt”、“whiles”、“’tis” 等字。只要這些古字不出現於改寫過的文章之中，我們就認為學生已在新寫的文章中消除了古字。我們不會要求學生在改寫的過程中不可使用或涉及古字。事實上，學生必須要讀閱原文中的古字，猜想它們的意思，或查看字典，甚至還把古字按字母順序抄寫在紙條上，以便到圖書館查看較完備的字典。我們不會因為學生在消除古字的過程中，實際上使用了古字，就因而認定在改寫過的文章中古字並未真正消除掉。同樣的道理，只要理論性詞不出現於新構作的公設系統 Γ′ 之中，我們就認為在 Γ′ 中理論性詞已被消除；我們沒有理由因為在 Γ′ 的構作過程中實際上使用了理論性詞，就因而認定在 Γ′ 中理論性詞並未真正消除掉。

關於這一點，我們只要考慮其他不同的消除法，即可明瞭。現在邏輯學家都一致承認：因為自然數可以使用集合的概念來定義；而且有關自然數的一切公設，如：皮亞諾公設 (Peano Axioms) 也可以由集合論的公設導出；因此，我們可以用集合的概念來取代自然數，自然數在理論上是可以消除的。很明顯的，在消除自然數的過程中，我們一定會使用到自然數。但據我所知，從來沒有人因而主張自然數並未真正消除。我們所要求的只是：所有算術式最後都可以改寫成不含自然數字的集合論式。我們並未要求在改寫的過程中不能用到自然數。

六、可觀察詞與理論性詞之區分

我們在上一節開頭曾經指出：可觀察詞與理論性詞之間有無明確的區分標準，仍是一個爭論未決的問題。有不少哲學家反對此種區分。在本節中，我們將逐一分析這些反對意見，並討論這些反對意見是否足以否定克雷格定理的消除功能。

據筆者個人的分析，這些反對意見大致可分成下面幾種不同的論點：

(I)可觀察詞與理論性詞確是有所不同。它們之間的差異是真實的，並不是哲學家或一般人虛構的。雖然如此，我們卻很難找出明確的標準加以區分。我們之所以找不出區分的標準，有兩種可能：

(i)大家（尤其是科學家及哲學家）對那些詞是可觀察詞，那些是理論性詞，並無爭議。但卻找不到令人滿意的標準恰好與大家所做的區分相符合。

(ii)對那些是可觀察詞，那些是理論性詞，大家的意見並不一致。

大家意見之所以不一致又有兩種可能：

(1)可觀察詞與理論性詞並不是兩種性質完全不同的詞；它們之間的差異不是種類的不同，而是可觀察的程度不同而已。有些詞所指的物或性質，很明顯是可觀察的，因而大家都一致同意這些詞是可觀察詞。有些詞所指的物或性質，很明顯是不可觀察的，因而大家都一致認為這些詞是理論性詞。另外有一些詞則介乎這兩個極端之間；它們所指的物或性質是否可以觀察，大家並無一致的看法。

(2)大家對可觀察詞與理論性詞都有相類似的直覺觀念。可能有許多互相不同的區分標準都能夠與此直覺觀念約略相符。因此，儘管大家對這兩種詞的區分有大致相似的直覺觀念；但對那些詞是可觀察詞，那些是理論性詞，大家的看法卻有很大的差異。即使對那些是所謂極明顯的可觀察詞或理論性詞，大家的意見也不相同。

(II)根本沒有所謂可觀察詞與理論性詞之區分。這種區分不僅是含糊不清、標準難定，根本就是虛構的、不真實的。

現在我將逐一討論上面各種不同的論點。

(I)(i)：設想在日常生活中或在科學之中，我們把某些東西分成兩類。分類之後，大家都承認這兩類東西互相之間確實有所不同，它們之間的差異是真實的不是虛構的。同時，大家對那些東西屬於那一類，意見也完全一致。然而，當大家要定出明確的區分標準時，卻找不到令人滿意的標準。這有兩種可能。一種可能是：令人滿意的明確標準不是沒有，只是我們尚未找到而已。我們迄未找到，不表示沒有。另一種可能是：根本沒令人滿意的明確標準，不僅是尚未找到而已。儘管兩類東西之間的差異是真實的，儘管大家對那些東西屬於那一種，意見完全一致；但這並不表示就一定會有明確的區分標準。

現在，我們的問題是：第一，對於那些詞是可觀察詞，那些是理論性詞，大家的意見是否完全一致，只是找不出或沒有明確的區分標準而已？第二，假定情形確是如此（亦即第一個問題的答案是肯定的），可否因而推斷克雷格的方法不能用來消除理論性詞？

第一個問題的答案顯然是否定的。我們不僅未找到令人滿意的明確標準，用以區分這兩類詞；我們對那些詞屬於那一類，也沒有相同的看法。舉例言之，對一般人來說，微粒子是不可觀察的，因而「電子」、「核子」等是理論性詞；但科學家卻認為是可觀察詞。又如：一般人及某些哲學家，尤其是直接實在論者 (direct realists)，如大衛．阿

姆斯壯 (David M. Armstrong)，認為一般物體是可以直接觀察到的；因而「桌」、「椅」、「書」等為可觀察詞。但另外有些哲學家，尤其是所謂「感覺素材論者」(sense-datum theorists) 如普萊士 (H. H. Price)、艾爾 (A. J. Ayer) 等人，則主張只有感覺素材 (sense-data) 才是我們感官直接觀察的對象，一般物體並非觀察的對象；因而「桌」、「椅」、「書」等乃是理論性詞。

由於第一個問題的答案很明顯是否定的；因此，據我所知，沒有人主張這種論點（即：(I)(i)）來反對克雷格消除理論性詞的方法。雖然如此，第二個問題還是值得討論，因為在討論過程中所涉及的一些論點與以後所要討論問題有關。

現在我們來討論第二個問題。讓我們假定大家對那些詞是可觀察詞，那些是理論性詞，有一致的看法（此假定與事實不符）。又假定我們未找到區分這種詞的明確標準，或根本不會有明確的標準（此假定與事實相符）。在這種情況下，克雷格方法可否用來消除理論性詞？

我們在上一節開頭曾指出：一個科學系統必須滿足三個條件，才可適用克雷格定理。其中第(ii)個條件是：必須有固定程序足以判定科學理論中的任一非邏輯詞是可觀察詞還是理論性詞。因此，有人或許會認為：我們既然找不到或沒有明確的標準可用來區分可觀察詞與理論性詞，則克雷格方法就無法用來消除理論性詞。

這個看法並不正確。在此，我們必須把兩個不相同的觀念分清楚：有沒有明確的區分標準是一回事，有沒有固定的判定程序是另一回事。假定一個科學理論中的非邏輯詞有無限多。在此情況下，我們必須要有明確的區分標準，才會有固定程序足以判定任意一個詞是可觀察詞還是理論性詞。反之，假定一個科學理論中的非邏輯詞是有限的。在此情況下，只要大家對那些詞是可觀察詞，那些是理論性詞，有一致的看法，則即使沒有明確的區分標準，也可能有固定的判定程序。我們可以將有限的詞逐一加以檢驗，歸入大家所一致同意的那一類（即：可觀察詞或理論性詞）。因為詞的個數是有限的，因此我們可以用這種逐一檢驗的辦法將它們全部歸類。歸類之後，我們就有很簡單的固定程序足以判定任意一個詞是屬於那一類。我們只要回頭去看歸類表即可⑬。

一個公設系統所含的非邏輯詞是有限的，因而可使用上述的固定判定程序。要使用克雷格定理的第(ii)個條件是：要有固定的程序足以判定一個公設系統中的非邏輯詞是可觀察詞還是理論性詞。它並不要求必須要有區分這兩類詞的明確標準。

(I)(ii)(1)：提出這個論點的哲學家可以馬克斯威爾為代表⑭。他認為一個詞是可觀察詞還是理論性詞常因時、因地、因人而不同。一個人在某一場合可以劃定一條區分的界線。但在不同的場合他可能劃定另一條不同的界線。不相同的人在同一場合所劃定的界線也可能不同。

現在，我們的問題是：區分這兩種詞的界線會因場合不同而變動，是否就因而無法使用克雷格方法來消除理論性詞？很明顯的，界線的變動並不影響克雷格方法的消除功能。界線變動之後，也許有些原屬於可觀察的詞變成理論性詞，也可能原來的理論性詞改成可觀察詞。但經過如此變化之後，克雷格方法仍然可以適用。我們在第二節曾經

⑬ 這個論點是由虎克 (C. A. Hooker) 所提出的。參看他的論文 “Five Arguments against Craigian Transcriptionism,” p. 274.

⑭ 參看 Grover Maxwell, “The Ontological Status of Theoretical Entities,” p. 7.

說明：克雷格方法不僅可用來消除理論性詞，且可用來消除任意我們想要消除的詞。不管我們把一個理論中的詞做如何分類，克雷格方法都可用來消除其中的任意一類。這點是克雷格方法的一大特色。卡納普 (Rudolf Carnap) 的消除法就沒有這個特色。

卡納普在《世界的邏輯結構》⓯一書中曾企圖使用少數的基本詞（或概念）來為所有其他詞下定義。他所使用的基本詞都是指涉或描述感官經驗的詞。他的企圖若能達成，則一切理論性詞將可全部消除。事實上，他在這方面的成就雖然極為可觀，但整個計劃並未成功。他後來也認識到他所使用的基本詞範圍太狹，不足以用來定義所有的詞。他因此把基本詞彙加以擴充，使其包括指涉或描述物體的詞在內。很顯然的，他必是認為基本詞彙的增加可能使原先無法定義的詞變成可以定義；換言之，原先無法消除的理論性詞變成可以消除。他後來又發現所謂「傾向性述詞」(disposition predicates) 只能局部地加以定義，無法完全地加以定義，因而也就無法加以消除⓰。儘管如此，我們只要把一些傾向性述詞及原先的理論性詞也納入基本詞彙之中，則有可能對其他的詞都可加以定義。舉例言之，我們若將「距離」、「時間」、「力」都納入可觀察詞，則牛頓理論中的其他詞，諸如「加速度」、「質量」、「動力」等皆可用可觀察詞加以定義。反之，若把可觀察詞的範圍僅限於指涉可直接觀察的物體或性質，如：「紅」、「綠」、「硬」、「軟」等等，則即使像「距離」這樣的詞也只能用可觀察詞做局部的定義，而無法給予完全的定義⓱。

⓯ Rudolf Carnap, *Logische Aufbau der Welt* (1928)，英譯本 *The Logical Structure of the World* 由 Rolf A. George 翻譯，美國加州大學出版社於 1969 年出版。

⓰ 參看 Rudolf Carnap, "Testability and Meaning," pp. 440–444.

可見，一個科學理論中的一切理論性詞是否可完全由可觀察詞來加以定義，要看如何區分可觀察詞與理論性詞才能斷定。很明顯的，即使 $\{t_1, t_2, \cdots\cdots, t_m\}$ 中的某些元素無法用 $\{o_1, o_2, \cdots\cdots, o_n\}$ 中的元素來定義，我們仍可能找到 $\{t_1, t_2, \cdots\cdots, t_m\}$ 的部分集合 T_θ，使得 $\{t_1, t_2, \cdots\cdots, t_m\} \sim T_\theta$ 中的每一元素都可用 $\{o_1, o_2, \cdots\cdots, o_n\} \cup T_\theta$ 中的元素加以定義。因此，若要使用定義的方法（亦即卡納普的方法）來消除理論性詞，則能否成功要看可觀察詞與理論性詞如何劃分。相反的若用克雷格的消除法，則其成功與否，不因這兩種詞劃分的界線之不同而受影響。在此種意義下，克雷格方法比卡納普的方法普遍性較高。因此，馬克斯威爾的論點也許可以強有力的反駁卡納普的消除法，但對克雷格的消除法似乎不構成威脅。

(I)(ii)(2)：大家對「可觀察詞」與「理論性詞」有相似或相近的直覺觀念，並不保證對那些詞是可觀察詞，那些是理論性詞會有完全相同或部分相同的意見。我們對「美味可口」一詞的意義具有相似或相近的直覺觀念。然而，對那些食物算是美味可口，我們都往往有極不相同的意見。一個人認為極可口的食物，另一人也許無法下嚥。這並不表示這兩人對「可口」一詞的意義有不相同的瞭解。

同樣的，哲學家及科學家雖然對那些是可觀察詞，那些是理論性

⓱ 根據布里治曼 (P. W. Bridgman) 的運作論 (operationism)，即使像「三呎」這樣的詞也必須用運作定義 (operational definition) 來界定。運作定義與卡納普所謂的「化約語句」(reduction sentence) 極為相似，只能給予局部的定義，而無法給予完全的定義。參看 Bridgman, *The Logic of Modern Physics*, pp. 9–25 及 Carnap, "Testability and Meaning," pp. 440–444.

詞，有不一致，甚至完全不同的意見，但這並不表示他們的直覺觀念完全不同。這是因為他們依據模糊的直覺觀念所定出的區分標準，往往有極大的差異。我們姑且從眾多標準之中舉出兩個，看看它們之間有多大差異。

〔**標準** 1〕

一個非邏輯詞所指涉的物或性質，若只須使用低性能的儀器，或無須使用任何儀器，即可觀察，則該詞即為可觀察詞。反之，一個非邏輯詞所指涉的物或性質，若必須使用高性能的儀器才可觀察，或甚至使用高性能儀器，仍無法加以觀察，則該詞為理論性詞⑱。

〔**標準** 2〕

一個非邏輯詞，若無須涉及任何理論中之定律，即可加以定義，則為可觀察詞。反之，一個非邏輯詞，若必須涉及某一理論中的某些定律，方可加以定義，則為理論性詞⑲。

這兩個標準所依據的直覺觀念並非完全不同。它們來自相類似的想法：一個理論中的非邏輯詞可分成兩種。一種是指涉可以觀察的物或性質。這種詞可用一般日常語言加以定義。另一種是指稱無法觀察的抽象體。抽象體的存在是由抽象理論所假設的。這種詞必須在抽象理論中加以定義。

然而，我們若仔細分析上面兩個標準，將會發現：按照這兩個標

⑱ 這個標準與卡納普所提出的標準，大致相同。參看他的 "Testability and Meaning," pp. 454–455.

⑲ 這個標準是阿欽斯坦 (Peter Achinstein) 所提出的。參看他的 "The Problem of Theoretical Terms," p. 200.

準來做區分，會得到完全不同的結果。舉例言之，有些星球因距離地球太遠，即使用最高性能的望遠鏡或其他儀器，也無法觀察。按照〔標準 1〕，這些星球的名稱是理論性詞。反之，按照〔標準 2〕，它們是可觀察詞；因為我們只須指出這些星球的時空座標即可加以定義，無須涉及任何天文學理論。又如：按照〔標準 1〕，「帶電」一詞是可觀察詞，因為我們只要把手靠近物體，看手上的細毛是否豎起，就可以判斷該物體是否帶電，不須借助任何儀器。但依據〔標準 2〕，它卻是理論性詞，因為我們必須涉及電子理論方能加以定義。

現在我們的問題是：區分可觀察詞與理論性詞既有許多互不相同的標準，會不會影響克雷格方法消除理論性詞的效能？答案是否定的，理由與我們在(I)(i)及(I)(ii)(1)所提出的理由相似。每一個人都可按照自己的標準，把一個理論中的詞逐一審查，加以歸類。因為一個理論中的詞是有限的，我們可以製成歸類表。歸類表製成之後，就能滿足適用克雷格定理的條件(ii)；亦即有固定程序足以判定一個理論中的任一非邏輯詞是可觀察詞還是理論性詞。

(II)有些哲學家認為可觀察詞與理論性詞的區分根本不能成立。他們之中有些主張所有的詞都是可觀察詞，有些主張所有的詞都是理論性詞。以下我們將選擇三個具有代表性的主張加以討論。

(II)(i)古樂佛．馬克斯威爾 (Grover Maxwell)：馬克斯威爾的主張可略述如下[20]。任何目前無法觀察的東西或性質，我們都可以想像將來

---

[20] 參看 Grover Maxwell, "The Ontological Status of Theoretical Entities," pp. 10–11.

有一天我們有辦法可以觀察到。未來的科學家也許會發明某些儀器，或甚至改造人類的感官，使我們可以觀察到電子的位置、大小，以及其他性質。不管這種可能性的大小如何，它並非毫無可能。設想這種情況，在邏輯上或概念上毫無矛盾。因此，我們沒有任何先驗的或哲學的標準 (a priori or philosophical criteria) 可用來區分可觀察的物或性質與不可觀察的物或性質。我們由此得到一個結論：任何非邏輯詞都可能成為可觀察詞[21]。

馬克斯威爾的主張可寫成如下的論證：

前提 1. 一個物體或性質是可觀察的當且僅當我們有可能加以觀察。

前提 2. 任何一個物體或性質，我們都有可能加以觀察。

結論 1. 因此，所有的物體和性質都是可觀察的。

（由前提 1 及前提 2 導出）

前提 3. 一個非邏輯詞是可觀察的當且僅當它指稱可觀察的物體或性質。

結論 2. 因此，所有非邏輯詞都是可觀察詞。

（由結論 1 及前提 3 導出）

上面的論證有兩個弱點。第一，前提 2 中所謂的「可能」應該是指「邏輯上可能」，而不是指「按照目前的科技水準我們能夠做到，只是沒有去做而已」。後一種可能，我們稱之為「技術上可能」。有許多物體和性質，以目前的科技水準，我們尚無法加以觀察。因此，「可能」一詞若解釋為「技術上可能」，則前提 2 顯然不成立。其實從馬克

---

[21] 原文是：“...any (nonlogical) term is a possible candidate for an observation term.”

斯威爾的行文中，也不難印證上面的解釋。當他談到他所設想的情況時，曾提到該設想在「邏輯上或概念上毫無矛盾」。他又指出可觀察與不可觀察之區分沒有「先驗」的標準。很清楚的，他所謂的「可能」乃是指邏輯上的可能而言。

前提 2 中的「可能」既然做此解釋，則前提 1 的「可能」也應做同樣的解釋，否則我們無法由這兩個前提導出結論 1㉒。但前提 1 的「可能」一詞若解釋為「邏輯上可能」，則所謂某一物體或性質「可觀察」意即我們在邏輯上有可能加以觀察。這是很奇怪的說法。正如范佛勞生 (Bas C. van Fraassen) 所指出：人類的能力有先天上的限制；正由於這種限制，我們才把物體或性質區分為可觀察的及不可觀察的。這種區分的界線乃是依據人類的能力來劃定的㉓。其實，我們之所以相信可觀察物的存在，而對科學理論所假設的不可觀察物採取保留的態度，正因為我們的能力足以觀察前者而尚無法對後者加以觀察之故。若所謂「可觀察不可觀察」指的是邏輯上可能不可能加以觀察，而不涉及人類的能力（感官的能力及科技能力等等），則此種區分並無多大意義。

上面論證的第二個弱點是：由結論 1 及前提 3 導出結論 2 的推論是錯誤的，亦即無效的 (invalid)。假定有一個非邏輯詞 t 不指稱任何物

㉒ 假若「可能」一詞在前提 1 的意思是技術上可能，而在前提 2 的意思是邏輯上可能，但我們卻把它們當做相同的詞，並因而導出結論 1；則我們即違犯了詞意分歧的謬誤 (fallacy of equivocation)。關於此種謬誤，請看 Stephen F. Barker, *The Elements of Logic*, 3rd ed. (1980), pp. 197–202 及 Irving M. Copi, *Introduction to Logic*, 6th ed. (1982), pp. 120–122.

㉓ 參看 Bas C. van Fraassen, *The Scientific Image*, p. 17.

體或性質。按照前提 3， t 不是可觀察詞。可見，根據前提 3，即使所有的物體和性質都是可觀察的，我們也無法得到「所有非邏輯詞都是可觀察詞」的結論。若要得到這個結論，我們必須加上另一個前提：每一個非邏輯詞都會指稱某些物體或性質㉔。但這個附加的前提是否為真，頗有問題。「力場」、「力必多」(libido) 等詞是否確有指稱物 (referents) 正是科學實在論與科學工具論的爭論所在。另外有些非邏輯詞，如「以太」(ether)、「燃素」(phlogiston) 等，則已公認並無指稱物。馬克斯威爾在證明這些詞都是可觀察詞之前，他必須先證明這些詞都有指稱物存在。

有人也許會反駁上面的批評，認為我們對馬克斯威爾的結論未做切當的解釋。上面論證中的結論 2 與馬克斯威爾的結論並不相同。他的結論是「任何非邏輯詞都可能成為可觀察詞」(參看註㉑)，而不是「任何非邏輯詞都是可觀察詞」㉕。現在，我們將他的論證重新建構

㉔ 令 P ①：①是一個物體或性質。

Q ①：①是可觀察的（物或性質）。

N ①：①是非邏輯詞。

O ①：①是可觀察詞。

D ①②：①指稱②。

則結論 1、前提 3、結論 2，以及附加的前提可寫成如下的邏輯式：

結論 1. $(x)(Px \rightarrow Qx)$

前提 3. $(x)[Ny \rightarrow (Oy \leftrightarrow (\exists x)(Px \wedge Qx \wedge Dyx))]$

結論 2. $(y)(Ny \rightarrow Oy)$

附加前提。$(y)[Ny \rightarrow (\exists x)(Px \wedge Dyx)]$

很明顯的，由結論 1、前提 3 無法導出結論 2，但由結論 1、前提 3 及附加前提卻可導出結論 2。

如下：

前提 1. 一個物體或性質是可觀察的當且僅當在技術上我們有可能加以觀察。

前提 2. 在技術上我們有可能觀察 x 當且僅當在技術上有可能產生某種情況，在此情況下我們會觀察到 x。同樣的，在邏輯上我們有可能觀察 x 當且僅當在邏輯上有可能產生某種情況，在此情況下我們會觀察到 x。

前提 3. 任何一個物體或性質 x 都會有一種邏輯上的可能情況，在此情況下我們會觀察到 x。

結論 1. 任何一個物體或性質，在邏輯上我們都可能加以觀察。（由前提 2 及前提 3 導出）

結論 2. 任何一個物體或性質 x 都會有下述的邏輯可能：在技術上我們有可能觀察 x。（由結論 1 導出）

結論 3. 任何一個物體或性質在邏輯上都有可能是可觀察的。（由前提 1 及結論 2 導出）

前提 4. 一個非邏輯詞是可觀察詞當且僅當它被用來指涉可觀察的物體或性質。

結論 4. 任何一個非邏輯詞，在邏輯上都有可能成為可觀察詞。（由結論 3 及前提 4 導出）

在上面重新建構的論證中，有幾點須加以說明。為了避免邏輯上可能與技術上可能之間的混淆，我們在上面論證中出現「可能」一詞時都指明到底是邏輯上可能或技術上可能。為了避免上述范佛勞生所

㉕ 這種可能的反駁意見是柏克萊加州大學數學哲學教授 Charles S. Chihara 所提出的。他建議我對此做詳細的討論。

做的批評，我們指明前提 1 中的「可能」是「技術上可能」。反之，前提 3 中的「可能」則為「邏輯上可能」，其理由已如上述（見 p. 103）。

馬克斯威爾的論證經過如此改寫之後，所有前提似乎都沒有問題；但是，由前提導致結論的推衍過程卻有兩項缺陷。第一，由結論 1 導致結論 2 的推衍是有問題的。令「P」為一元述詞「是一個物體或性質」，「R」為一元述詞「被我們觀察到」，「$\Diamond_L$」與「$\Diamond_n$」分別為「邏輯上可能」與「技術上可能」，「$\Box_L$」與「$\Box_n$」分別為「邏輯上必然」與「技術上必然」。結論 1 及結論 2 可寫成下列的符號式：

結論 1. $(x)(Px \rightarrow \Diamond_L Rx)$

結論 2. $(x)(Px \rightarrow \Diamond_L \Diamond_n Rx)$

因為「$(x)(Rx \rightarrow \Diamond_n Rx)$」很明顯是真的，大家會認為我們很容易證明「$(x)(\Diamond_L Rx \rightarrow \Diamond_L \Diamond_n Rx)$」，並用此由結論 1 導出結論 2 但我們若細加審查，將會發現問題並不如此簡單。

大家心目中的簡單證明也許可以寫成如下的推衍：

(1) $(x)(Rx \rightarrow \Diamond_n Rx)$

任何實際上發生的事都是技術上可能的。

(2) $(Ra \rightarrow \Diamond_n Ra)$

使用 U. S. 規則，由(1)導出。

(3) $\Diamond_L(Ra \rightarrow \Diamond_n Ra)$

使用模態邏輯定理「$(P \rightarrow \Diamond_L P)$」，由(2)導出。

(4) $(\Diamond_L Ra \rightarrow \Diamond_L \Diamond_n Ra)$

使用「$\Diamond_L$」對「→」的分配律，由(3)導出。

(5) $(x)(\Diamond_L Rx \rightarrow \Diamond_L \Diamond_n Rx)$

使用 U. G. 規則，由(4)導出。

然而，可能性符號「$\Diamond_L$」不可對條件號「→」分配。我們不難找出反證「$\Diamond_L(P \to Q) \to (\Diamond_L P \to \Diamond_L Q)$」的解釋[26]。

也許有些人心目中的推衍並不如此簡單。他們心目中的推衍步驟大致如下：

(1) $(x)(Rx \to \Diamond_n Rx)$

任何實際上發生的事都是技術上可能的。

(2) $(Ra \to \Diamond_n Ra)$

使用 U. S. 規則，由(1)導出。

(3) $(\sim\Diamond_n Ra \to \sim Ra)$

使用異質位換律 (law of contraposition)，由(2)導出。

(4) $\Box_L(\sim\Diamond_n Ra \to \sim Ra)$

使用必然化規則 (rule of necessitation)，由(3)導出。

(5) $(\Box_L\sim\Diamond_n Ra \to \Box_L\sim Ra)$

使用「$\Box_L$」對「→」的分配律，由(4)導出。

(6) $(\sim\Box_L\sim Ra \to \sim\Box_L\sim\Diamond_n Ra)$

使用異質位換律，由(5)導出。

(7) $(\Diamond_L Ra \to \Diamond_L\Diamond_n Ra)$

使用「$\Diamond_L$」與「$\Box_L$」互變律，由(6)導出。

(8) $(x)(\Diamond_L Rx \to \Diamond_L\Diamond_n Rx)$

使用 U. G. 規則，由(7)導出。

這個推衍與前一個推衍不同，問題不在於分配律的使用。必然性符號

[26] 參看 Brian F. Chellas, *Modal Logic: An Introduction*, p. 10.

「$\square_L$」對條件號「→」的分配律是每一個模態邏輯系統都承認的。因此，由(4)導出(5)的推衍步驟並無問題。這個推衍的問題發生在由(3)導出(4)的步驟。有些模態邏輯的系統中（例如：S_1, S_2, S_3），並沒有必然化規則。有些系統甚至與該規則相衝突㉗。在某些系統中（例如：S_4 和 S_5），雖然含有必然化規則，但也只有當 α 是該系統中的定理時，我們才可使用該規則，由 α 導出$\square_L\alpha$㉘。在此推衍中的(3)，以及(3)所由導出的(1)和(2)，均非任何模態邏輯系統中的定理。在邏輯上有可能「Ra」為真但非技術上可能。換言之，在技術上不可能的事件竟然發生，這並未違反任何邏輯規則。(1)、(2)、(3)均為真，但並非在邏輯上必然為真。因此，使用必然化規則，由(3)導出(4)，乃是錯誤的。

馬克斯威爾的論證，重新建構改寫後，其推衍過程的第一項缺陷已如上述。它的第二項缺陷是：由結論 3 與前提 4 導出結論 4 的步驟是無效的。若要使它變成有效，必須加添如下的前提：

前提 5. 每一非邏輯詞都用來指涉某些物體或性質。

這個附加前提是有爭論的。科學工具論者就主張有些非邏輯詞並無所指。馬克斯威爾若要添加前提 5，則必須先反駁科學工具論者的主張。

也許我們重新建構的論證仍然不是馬克斯威爾心中的原意。但不管他如何為結論 4 辯護，即使假定結論 4 能夠成立，也不能因而否定可觀察詞與理論性詞之間的區分。儘管 A 的每一元素在邏輯上都有可能成為 B 的元素，但這並不表示 A 的元素不能區分為 B 和非 B 兩類，也不表示 A 的元素全是 B 的元素。舉例言之，每一個男人在邏輯上都

㉗ 參看 E. G. Hughes and M. J. Cresswell, *An Introduction to Modal Logic*, pp. 340–346.

㉘ 參看 Hughes and Cresswell, *An Introduction to Modal Logic*, p. 31.

有可能成為丈夫。但這並不表示男人不能區分為丈夫和單身漢，也不表示每一個男人都是丈夫。同樣的，我們即使假定每一個非邏輯詞在邏輯上都有可能成為可觀察詞，我們也不可因而推斷非邏輯詞不能區分為可觀察詞和理論性詞，也不可因而推斷每一個非邏輯詞都是可觀察詞。

我們即使再退一步，承認一切非邏輯詞都是可觀察詞，仍然不足以否定克雷格方法消除理論性詞的功能。因為如果一個科學理論中根本沒有理論性詞，則使用克雷格方法之後，理論性詞當然完全消失。

(II)(ii)希拉瑞．普特蘭姆 (Hilary Putnam)：普特蘭姆的主張可略述如下[29]。

任何非邏輯詞都可用以指涉不可觀察的物體或性質；即使是一般所謂的可觀察詞也不會只用來指涉可觀察的物體或性質，而完全不指涉不可觀察的物體或性質。舉例言之，「紅色」一詞乃是最典型的可觀察詞，但是它也可用來指涉不可觀察的性質。牛頓曾說紅光是由紅色微粒 (red corpuscles) 所組成的。紅色微粒是不可觀察的，因而「紅色微粒」中的「紅色」一詞所指涉的性質是不可觀察的。因此，如果「可觀察詞」是指那些只可用以指涉可觀察的物體或性質的詞而言，則根本就沒有可觀察詞。

反之，如果可觀察詞也可用以指涉可觀察的物體或性質，則我們就沒有任何理由主張一個理論為了要涉及不可觀察的物體或性質，就必須要使用理論性詞；我們也沒有理由認為引進理論性詞，較之引進可觀察詞會遭遇更大的困難。

[29] 參看 Hilary Putnam, "What Theories Are Not?" pp. 216–220.

以上是普特蘭姆反對區分可觀察詞與理論性詞之主要論點。他只約略提出反對的理由，並未提出詳細論證。現在我們揣摩他的意思，依據他的論點，構作如下的論證：

前提 1. 沒有一個非邏輯詞是不可用來指涉不可觀察的物體或性質的。

結論 1. 若所謂「可觀察詞」是指那些只可用以指涉可觀察的物體或性質的非邏輯詞，則根本沒有可觀察詞。(由前提 1 導出)

前提 2. 若所謂可觀察詞也可用來指涉不可觀察的物體或性質，則一個理論不必為了要涉及不可觀察的物體或性質而使用理論性詞。

前提 3. 若所謂可觀察詞也可用來指涉不可觀察的物體或性質，則引進可觀察詞與引進理論性詞將遭遇相等的困難。

前提 4. 我們之所以區分可觀察詞與理論性詞，不外下面兩個理由：

(i)我們要涉及不可觀察的物體或性質；

(ii)引進理論性詞，較之引進可觀察詞，會遭遇更大的困難。

結論 2. 若所謂可觀察詞也可用來指涉不可觀察的物體或性質，則我們沒有理由區分可觀察詞與理論性詞。(由前提 2、前提 3、前提 4 導出)

結論 3. 根本沒有所謂可觀察詞或者沒有理由區分可觀察詞與理論性詞。(由結論 1 和結論 2 導出)

這個論證很明顯的是有效論證。但它的前提卻頗有問題。佛德列．蘇培 (Frederick Suppe) 認為我們不一定要接受前提 1。他同意普特蘭姆的看法，認為一般所謂的「可觀察詞」也可用來指涉不可觀察的物體或性質。但他建議我們每次使用可觀察詞，都在該詞之前註明「O」或「N」。當該詞是用來指涉可觀察的物體或性質時，則註明「O」；反之當該詞是用來指涉不可觀察的物體或性質時，則註明「N」。舉例言之，「較熱」一詞通常都認為是可觀察詞，但它既可用來指涉可觀察的性質，又可用來指涉不可觀察的性質。當我們說「火爐上的烤肉比冰箱內的生肉較熱」這句話時，「較熱」一詞所指涉的性質是可觀察的，因為只要用人體的器官就可感覺出火爐上的肉比冰箱內的肉要熱得多。因此按照蘇培的建議，我們可在這個「較熱」一詞之前註明「O」而成為「O－較熱」。反之，人體器官無法感覺出太陽的某一部分比另一部分較熱。因此，此處「較熱」一詞所指涉的性質是不可觀察的，我們可在它之前註明「N」而成為「N－較熱」。如果每次出現非邏輯詞，都經過如此改寫，不是註明「O」就是註明「N」，則可觀察詞（亦即註明「O」的詞）一定只用來指涉可觀察的物體或性質，不會用來指涉不可觀察的物體或性質。一個理論中的非邏輯詞若經過如此處理，則上面論證中的前提 1 即不成立[30]。

以上是蘇培對前提 1 的批評。他的建議是否確實可行，頗有問題。他自己也承認，按照他的建議來處理非邏輯詞，將使文法及語意規則變成極端複雜。我們能否理出適當的規則，尚言之過早[31]。因此，我

[30] 關於蘇培的這項建議，請參看他的 "What's Wrong with the Received View of Scientific Theories?" 以及他所編的 *The Structure of Scientific Theories* 一書中他自己所寫的導論部分，特別是 pp. 83–84。

們對前提 1 也暫且存疑。

我們認為上面論證的主要問題在於前提 2 和前提 3 。現在先來討論前提 2。即使每一個可觀察詞都可用來指涉不可觀察的物體或性質，卻不見得每一個不可觀察的物體或性質都可用可觀察詞來指涉。因此，一個理論若要涉及這些不可觀察的物體或性質，只使用可觀察詞是不夠的，理論性詞仍然是必需的。

至於前提 3 ，我們認為即使可觀察詞可用來指涉不可觀察的物體或性質，但引進可觀察詞所遭遇的困難仍然較少，引進理論性詞所遭遇的困難則較多。試以「以太」及「星球」兩詞為例。「星球」是可觀察詞。某一星球因為距離地球太遠，我們也許永遠無法加以觀察。但我們觀察過許多其他星球，我們知道星球是什麼樣子，我們也知道確實有星球這種東西存在。因此，若有一些可觀察的現象可以用假設某一星球的存在來加以說明，則即使該星球因情況特殊而無法加以觀察，我們也不難想像有這樣一顆星球，同時也不難接受這種假設[32]。反之，

---

[31] 參看 Suppe, “What's Wrong with the Received View of Scientific Theories?” p. 8.

[32] 這是一個假想的故事，與發現海王星的真實故事不盡相符。英國數學家約翰．亞丹斯 (John Couch Adams, 1819–1892) 在 1843 年及法國天文學家拉法瑞 (Urbain Jean Joseph LeVerrier, 1811–1877) 在 1846 年分別提出相同的假設。他們認為天王星運行軌道的偏離現象乃是因為天王星的軌道外圍有一顆尚未發現的行星。當該行星與天王星靠近時會產生引力，使得天王星偏離軌道。他們提出這項假設時並不認為這顆未發現的行星是不可觀察的。他們寫信給天文臺，請天文臺在特定時日，把望遠鏡對準某一特定方向，加以觀察。實際上，這顆行星確實是可觀察的。德國天文學家嘉拉 (Galle) 果然在 1846 年用望遠鏡看到這顆新發現的行星（就是海王星）。請參看 Herbert Hall

「以太」(ether) 是不可觀察詞，它的所指物是不可觀察的。我們不知道以太是什麼樣子，也不敢確定有這種東西存在。儘管以太理論可用來說明許多可觀察現象，諸如：光線能穿過真空地帶、熱的傳導，以及引力、電力、磁力的產生等等㉝，但以太的存在比那顆無法觀察的行星的存在更為可疑。這在米契舜和莫利實驗 (Michelson-Morley experiment) 否證以太理論之前，即已如此㉞。可見，引進「以太」一詞所遭遇的困難似乎要比引進「星球」一詞所遭遇的困難為大；即使「星球」一詞所指涉的是一顆無法觀察到的星球，情況仍然如此。普特蘭姆似乎沒有注意到可觀察詞與理論性詞之間的這點差異。

(II)(iii)觀察的理論依賴 (theory-dependence of observations)：有不少科學哲學家認為沒有完全獨立於理論之外的純粹觀察，我們對現象所做的觀察，多多少少會受我們所信仰或主張的理論的影響。這種看法目前非常流行，現在我們只選擇湯馬士·孔恩 (Thomas S. Kuhn)、諾武德·韓森 (Norwood Russell Hanson) 及保羅·費雅耶班 (Paul K. Feyerabend) 三人的主張略述如下：

孔恩認為我們眼睛所看到的一切，一方面固然受到我們所看的物體的影響，但另一方面也受到我們過去的視覺經驗的影響。過去的視

Turner, *Astronomical Discovery*, Chapter II; 及 Morton Grosser, *The Discovery of Neptune*.

㉝ 有關以太的理論，請看 P. M. Harman, *Energy, Force, and Matter: The Conceptual Development of Nineteenth Century Physics*.

㉞ 有關米契舜和莫利實驗與以太理論的關係，請看 Bernard Jaffe, *Michelson and the Speed of Light*, Chapters IV–V, pp. 57–90.

覺經驗教導我們如何去看東西。我們所知覺到的形狀、大小、顏色、……等等會因我們過去的經驗及所受的訓練之不同而有所差異㉟。我們的一切知覺是隨著典範 (Paradigm) 而變動的。孔恩的所謂「典範」是指某一時期科學界所公認的一些基本想法或態度，它足以影響我們對世界的看法，對研究問題的選擇，對研究成果的判斷等等。這種典範通常表現在大家公認的科學成就上面，也表現在通常使用的科學教科書上面㊱。孔恩用典範的變遷來解釋科學革命。他認為當典範變動時，我們所觀察到的世界也將隨之不同。在科學革命期間，科學家即使使用他們以往所慣用的儀器，在他們原先觀察事物的相同地點，也會看到以往所未看到的新東西㊲。

韓森認為必須先有知識才有辦法觀察，觀察本身即已含有知識在內。當我們看到某一東西 x 時，我們所看到的乃是我們預期中 x 的樣子。如果它與我們預期中的 x 不同，我們就不會把它看成 x㊳。科學觀察乃是一種含有理論成分的活動。要使我們所看到的一切有意義，必須要有知識及理論，只憑感覺器官是不夠的㊴。

㉟ 參看 Thomas S. Kuhn, *The Structure of Scientific Revolutions*, p. 113.

㊱ 「典範」一詞在孔恩的著作中一再出現。它是孔恩的科學革命理論中的主要概念。但它的意義並不十分明顯。據馬士搭曼 (Margaret Masterman) 的計算，孔恩使用「典範」一詞大約有二十一種不同的意義。請看 Masterman, "The Nature of a Paradigm"。我們在本文中只對該詞做極粗略的解釋。

㊲ 參看 Kuhn, *The Structure of Scientific Revolutions*, p. 111.

㊳ 參看 Hanson, *Patterns of Discovery*, Chapters II and IV.

㊴ 參看 Hanson, *Observation and Explanation: A Guide to Philosophy of Science*, pp. 1–8. 較詳細的討論請看他的 *Perception and Discovery*, Part II，亦即 Chapters 4–11, pp. 59–198.

費雅耶班雖然也主張新理論的引進會影響我們對世界的展望（包括可觀察的層面及不可觀察的層面），但他的主要論點則強調詞義的變遷。他認為一個新的理論取代原有的舊理論之後，即使新理論繼續使用舊理論中原有的非邏輯詞，這些詞的意義也會有所變化。不但理論性詞如此，一般所謂可觀察詞在新舊兩種理論中意義也不相同㊵。因此，任何非邏輯詞的意義都有可能受理論的影響；完全獨立於理論之外，而純粹描述客觀現象的所謂「可觀察詞」，實際上並不存在㊶。

到底有沒有完全不受理論影響的觀察，我們不擬在此討論。我們所要指出的是：即使承認任何觀察都會受理論影響，根本沒有完全不依賴理論的觀察，我們也不能因而推斷觀察可完全受理論的擺佈。費雅耶班自己就承認：把我們的感官系統看做是完全受我們的理論預設所擺佈的，那是難以令人信服的。我們所信仰的理論即使在某種限度內會影響我們的感官經驗，但也不致於到達可以完全擺佈的程度㊷。在某些情況下，觀察受理論的影響較深，對理論的依賴較大。在另外

㊵ 參看 Feyerabend, “Explanation, Reduction, and Empiricism.”

㊶ 費雅耶班雖然在他的 *Realism, Rationalism and Scientific Method: Philosophical Papers*, Vol. 1, p. x. 中很清楚的指出 ： 此種主張是他的論文 “Explanation, Reduction, and Empiricism” 的主要論點之一。但他在另一本著作中，回答別人的批評時，卻否認他曾經做此主張。他辯解說：從他寫博士論文開始，一直到最近的著作，一向反對該主張。他在上述論文中暫且接受該主張，目的是要指明該主張會導致不合理的結果。他強調一個人為了論證方便，暫且接受某一命題，做為論證的前提，並不表示他真正主張或相信該命題。他也許只是為了使用廣義的歸謬法 。 請看 Feyerabend, *Science in a Free Society*, pp. 156–157.

㊷ 請看 Feyerabend, *Against Method*, p. 133.

一些情況下，觀察受理論的影響較淺，對理論的依賴較小。有些觀察或感官經驗則即使不是完全不受理論的影響，但其影響力也微乎其微。舉例言之，把一根直棍插一半入水中，使另一半露在水面，這根棍子看來不像是直的。在理論上，我們都知道這是視覺的幻覺，棍子本身仍然是直的。但我們所信仰的理論無法影響我們的視覺，使我們把棍子看成是直的。我們沒有能力依據我們所相信的理論來調整我們的視覺所觀察的結果[43]。一個非邏輯詞若用來指涉這種幾乎不受理論影響的觀察或感官經驗，我們就可以把它歸入可觀察詞。

此外，孔恩雖然認為典範會影響我們對世界的觀察，但他也承認一旦典範確定之後，我們就會有純粹的觀察語言[44]。因此我們似乎可以在某一特定典範之內，把某些非邏輯詞歸入可觀察詞。經過如此歸類之後，我們就可用克雷格方法來消除沒有歸入可觀察詞的非邏輯詞。

七、克雷格的理論性詞消除法與歸納功能[45]

我們在第四節已經證明：一個科學理論 Γ 用克雷格的方法重新建構成 Γ′ 之後，仍然保留原有的演繹功能。詳言之，用演繹推論由 Γ 所導出的可觀察語句與由 Γ′ 所導出的可觀察語句完全相同。有些哲學家

---

[43] 參看 David Papineau, *Theory and Meaning*, p. 25.

[44] 參看 Kuhn, *The Structure of Scientific Revolutions*, p. 129.

[45] 本節英文初稿曾以 "Hempel on Inductive Shortcoming in Craigian Method" 為題，於 1983 年 9 月 15 日，在美國加州大學柏克萊校區 (University of California at Berkeley) 哲學研究所博士班研討會上宣讀，蒙主持人 Charles S. Chihara 教授及與會同學熱烈討論，並提供寶貴意見。克雷格教授並於閱讀討論會紀要之後，提供書面意見。本節乃是根據英文初稿，並參酌上述紀要及書面意見，重新改寫而成的。

認為 Γ′ 雖保留了 Γ 的演繹功能，卻未能保留 Γ 原有的歸納功能。詳言之，用歸納推論由 Γ 所導出的可觀察語句不一定可由 Γ′ 導出。這種主張可用韓佩爾 (Carl G. Hempel) 所提出的論證為代表[46]。本節將分成五個小節詳細分析韓佩爾的論證，並加以評批。

I、韓佩爾的反例及其論證

韓佩爾認為一個科學理論不僅建立了可觀察語句之間的演繹關係，同時也建立了它們之間的歸納關係。他指出使用克雷格方法，由理論 Γ 所建構的新理論 Γ′，無法維持可觀察語句在原理論 Γ 中所建立的歸納關係。他造了一個非常簡單的例子來證明他的論點。以下是他的例子。

假定有一個理論 Γ，含有下列兩個理論性詞：

P ①：①是白燐

I ①：①的燃點是攝氏 30 度

以及下列六個可觀察詞：

G ①：①有蒜味。

T ①：①可溶於松油。

V ①：①可溶於蔬菜油。

E ①：①可溶於醚。

S ①：①會燒焦皮膚。

F ①：溫度計若指示①周圍的空氣超過攝氏 30 度則①會起火燃燒。

---

[46] 請看 Hempel, "The Theoretician's Dilemma: A Study in the Logic of Theory Construction," pp. 214–215.

假定這些可觀察述詞互相獨立；換言之，任意一個述詞所描述的可觀察性質都有可能單獨出現，而不一定會和其他述詞所描述的性質同時出現。又假定 Γ 有下面六條對應規則 (correspondence rules)[47]：

(CR1) (x)(Px → Gx)

(CR2) (x)(Px → Tx)

(CR3) (x)(Px → Vx)

(CR4) (x)(Px → Ex)

(CR5) (x)(Px → Sx)

(CR6) (x)(Ix → Fx)

以及下面一個公設：

(Ax) (x)(Px → Ix)

設我們已發現有一物體 a 具有 G、T、V、E、S 等五個性質。根據 (CR1)～(CR5)，這五個性質都是白燐（即 P）的特徵。我們既已知道 a 具有這五項特徵，就可因而推斷 a 大概是白燐。這個推斷當然不是用演繹推論，而是用歸納推論。我們推得「Pa」之後，可依據 (Ax) 推出「Ia」，然後再依據 (CR6) 推出「Fa」。可見，依據理論 Γ，我們可用歸納推論由可觀察語句「Ga」、「Ta」、「Va」、「Ea」、「Sa」推出另一可觀察語句「Fa」。

以上的推論過程可分成下面三個步驟：

第一步驟：使用歸納推論，依據 (CR1)～(CR5)，由「Ga」、

---

[47] 所謂「對應規則」是用來聯繫可觀察詞與理論性詞之間的關係的規則。請參看 Hempel, *Philosophy of Natural Science*, pp. 72–74; 及 Ernest Nagel, *The Structure of Science*, pp. 90, 93, 95, 97–105. 韓佩爾有時把對應規則叫做 “bridge principles”。

「Ta」、「Va」、「Ea」、「Sa」推出「Pa」。

第二步驟：使用演繹推論，依據 (Ax) 及 (CR6)，由「Pa」推出「Fa」。

第三步驟：由上面兩個步驟推知：使用演繹推論及歸納推論，依據 (CR1)～(CR6) 及 (Ax)，可由「Ga」、「Ta」、「Va」、「Ea」、「Sa」推出「Fa」。

反之，韓佩爾認為：若用克雷格方法把 Γ 改成 Γ′，則我們無法依據 Γ′，使用歸納推論由「Ga」、「Ta」、「Va」、「Ea」、「Sa」推出「Fa」。他的理由如下。很明顯的，可由 (CR1)～(CR6) 及 (Ax) 用演繹推論導出的可觀察語句都是邏輯真句。由於 Γ′ 中的語句都是可由 (CR1)～(CR6) 及 (Ax) 用演繹推論導出的可觀察語句；因此，Γ′ 中的語句全都是邏輯真句。邏輯真句不會含有任何經驗內容，因而我們無法依據邏輯真句，用歸納推論由「Ga」、「Ta」、「Va」、「Ea」、「Sa」推出「Fa」，可見 Γ′ 無法維持可觀察語句在 Γ 中所建立的歸納關係。

II、倪尼勞托與杜美拉對韓佩爾論證的分析

倪尼勞托 (Ilkka Niiniluoto) 和杜美拉 (Raimo Tuomela) 在他們合著的《理論性概念及假設歸納推論》(*Theoretical Concepts and Hypothetico-Inductive Inference*) 一書中，對韓佩爾的上述論證做如下的分析。

據他們分析，韓佩爾的論證使用了下面兩項原則：

逆推衍原則 (converse entailment principle)：

若 $\phi \vdash_D \psi$，則 $\psi \vdash_I \phi$。

特殊結論原則 (special consequence principle)：

若 $\phi \vdash_I \psi$ 且 $\psi \vdash_D x$，則 $\phi \vdash_I x$。

有兩符號必須加以解說。「$\vdash_D$」和「$\vdash_I$」分別表示演繹法和歸納法的推衍關係。詳言之，「$\phi \vdash_D \psi$」表示「ψ 可用演繹推論由 ϕ 導出」。而「$\phi \vdash_I \psi$」則表示「ψ 可用歸納推論由 ϕ 導出」。倪尼勞托和杜美拉認為韓佩爾論證的第一步驟使用了逆推衍原則，而第三步驟則使用了特殊結論原則[48]。

假如上面的分析是正確的，則韓佩爾的論證難以令人接受。因為正如瑪琍．赫塞 (Mary Hesse) 及韓佩爾自己所指出的，上面兩個原則合併使用會導致荒謬的結論，即：我們可使用歸納推論，由任一語句導出任意一個不同的語句[49]。這一點不難證明。令 ϕ 和 ψ 為任意兩個語句，且令 χ 為 $(\phi \wedge \psi)$。因為 $\chi \vdash_D \phi$，故按照逆推衍原則，可得 $\phi \vdash_I \chi$。又因 $\chi \vdash_D \psi$，故按照特殊結論原則，可得 $\phi \vdash_I \psi$。

然而，我們認為倪尼勞托和杜美拉對韓佩爾的論證所做的分析並不正確。我們仔細審查韓佩爾的論證，發現該論證所使用的原則與上述兩個原則並不吻合。該論證的第一步驟是使用歸納推論，依據 (CR1)～(CR5)，由「Ga」、「Ta」、「Va」、「Ea」、「Sa」導出「Pa」；換言之，用歸納推論，由「Ga」、「Ta」、「Va」、「Ea」、「Sa」及 (CR1)～(CR5) 導出「Pa」。這可用符號式表示如下：

(1) Ga, Ta, Va, Ea, Sa, (CR1)～(CR5) $\vdash_I$ Pa

---

[48] 參看 Niiniluoto and Tuomela, *Theoretical Concepts and Hypothetico-Inductive Inference*, pp. 2–4.

[49] 參看 Mary Hesse, "Theories and Transitivity of Confirmation," p. 51; 及 Hempel, "Studies in the Logic of Confirmation," p. 32.

我們知道：使用演繹推論，可由(CR1)～(CR5)，「Pa」導出「(Ga∧Ta∧Va∧Ea∧Sa)」；亦即

(2) (CR1)～(CR5), Pa $\vdash_D$(Ga∧Ta∧Va∧Ea∧Sa)

假如韓佩爾真的使用了逆推衍原則，則他的第一步驟應該由(2)得到下列結論才對：

(3) (Ga∧Ta∧Va∧Ea∧Sa) $\vdash_I$(CR1)∧(CR2)∧(CR3)∧(CR4)∧Pa

然而，實際上，韓佩爾的第一步驟所得到是(1)，與(3)並不相同。逆推衍原則必須修改如下，才可用來推得(1)：

修正後的逆推衍原則：若 $\phi, \psi \vdash_D \chi_1 \wedge \chi_2 \wedge \cdots\cdots \wedge \chi_n$ 且 $\chi_1, \chi_2, \chi_3, \cdots\cdots, \chi_n$ 互相獨立，則 $\phi, \chi_1, \chi_2, \chi_3, \cdots\cdots, \chi_n \vdash_I \psi$。

$\chi_1, \chi_2, \chi_3, \cdots\cdots, \chi_n$ 必須互相獨立，這一點非常重要。韓佩爾認為第一步驟的歸納推論之所以有論證強度，其部分原因乃是因為白燐的五個可觀察特徵是互相獨立的[50]。因此，任何對韓佩爾的論證所做的分析，若忽略了該五個特徵必須互相獨立這一要求，就不能算是正確的分析。倪尼勞托和杜美拉的分析顯然忽略了這一要求。此外，若把韓佩爾的例子過分簡化，使白燐只具有一項特徵，也是不正確的分析。

事實上，修正後的逆推衍原則並未完全顯示出第一步驟的細節。韓佩爾之所以認為可用歸納推論由「Ga」、「Ta」、「Va」、「Ea」、「Sa」以及 (CR1)～(CR5) 導出「Pa」，不僅是因為「Ga」、「Ta」、「Va」、「Ea」、「Sa」可使用演繹推論由 (CR1)～(CR5) 及「Pa」導出，更重要的是因為這些語句之間有如下的關聯：

---

[50] 參看 Hempel, "The Theoretician's Dilemma," p. 215.

(i) (CR1)～(CR5) 都是全稱條件句，而它們的前件完全相同；

(ii) 「Ga」、「Ta」、「Va」、「Ea」、「Sa」中的述詞分別是 (CR1)～(CR5) 的後件的述詞；

(iii) 「Ga」、「Ta」、「Va」、「Ea」、「Sa」中的個體常元完全相同，而且恰好是「Pa」中的個體常元；

(iv) 「Pa」中的述詞與 (CR1)～(CR5) 中的前件的述詞相同。

逆推衍原則及修正後的逆推衍原則完全忽略了這些複雜的關聯，而只著眼於語句之間的導衍關係，故未能掌握韓佩爾論證的要點。我們認為韓佩爾論證的第一步驟所依據的是如下的原則：

令 $\phi, \psi_1, \psi_2, \psi_3, \cdots\cdots, \psi_n$ 為一元述詞，α 為個體變元，β 為個體常元。若 $\psi_1, \psi_2, \psi_3, \cdots\cdots, \psi_n$ 互相獨立，則 $(\alpha)(\phi\alpha \rightarrow \psi_1\alpha), (\alpha)(\phi\alpha \rightarrow \psi_2\alpha), (\alpha)(\phi\alpha \rightarrow \psi_3\alpha), \cdots\cdots, (\alpha)(\phi\alpha \rightarrow \psi_n\alpha), \psi_1\beta, \psi_2\beta, \psi_3\beta, \cdots\cdots, \psi_n\beta \vdash_I \phi\beta$。

為了稱呼方便起見，我們將上述原則簡稱為 “IAC” 原則[51]。至於此原則是否合理，則將於下面三小節 (III～V) 中加以討論。

現在我們來審查第三步驟，看它是否使用了特殊結論原則。第一步驟所得的結論是(1)，第二步驟所得的結論則為

(4) (Ax), (CR6), Pa$\vdash_D$Fa

第三步驟是由(1)和(4)推得

(5) (CR1)～(CR6), (Ax), (Ga∧Ta∧Va∧Ea∧Sa)$\vdash_I$Fa

若要使用特殊結論原則，由(1)和(4)推得(5)，則(1)的結論部分（亦即

[51] 這是 “the principle of **I**nducing specified **A**ntecedent from specified **C**onsequents” 的縮寫。此原則的名稱乃筆者所杜撰。

「$\vdash_I$」的右邊）必須與(4)的前提部分（亦即「$\vdash_D$」的左邊）完全相同。很明顯的(1)和(4)並未符合這項要求。特殊結論原則必須修改如下，才可用來由(1)和(4)推得(5)：

修正後的特殊結論原則：

若 $\phi \vdash_I \chi$ 且 $\psi, \chi \vdash_D \delta$，則 $\phi, \psi \vdash_I \delta$[52]。

III、IAC 原則的困難

在本小節中，我們將證明：IAC 原則與修正後的特殊結論原則合併使用會導致下述極不合理的結果。

令 β 為任意個體常元，χ 為任意一元述詞，$\psi_1, \psi_2, \psi_3, \cdots, \psi_n$ 為互相獨立之一元述詞。則 $\psi_1\beta, \psi_2\beta, \psi_3\beta, \cdots, \psi_n\beta \vdash_I \chi\beta$。

換言之，只要我們已知某一個體 β 具有 n 個互相獨立的性質 $\psi_1, \psi_2, \psi_3, \cdots, \psi_n$，則我們就可用歸納推理導出 β 會具有任意性質 χ。

---

[52] 若要使用此原則，由(1)和(4)推得(5)，則(1)、(4)、(5)必須改寫如下：

(1′) $(Ga \wedge Ta \wedge Va \wedge Ea \wedge Sa) \wedge (CR1) \wedge (CR2) \wedge (CR3) \wedge (CR4) \wedge (CR5) \vdash_I Pa$

(4′) $(CR6) \wedge (Ax), Pa \vdash_D Fa$

(5′) $(Ga \wedge Ta \wedge Va \wedge Ea \wedge Sa) \wedge (CR1) \wedge (CR2) \wedge (CR3) \wedge (CR4) \wedge (CR5),\ (CR6) \wedge (Ax) \vdash_I Fa$

其中「$(Ga \wedge Ta \wedge Va \wedge Ea \wedge Sa) \wedge (CR1) \wedge (CR2) \wedge (CR3) \wedge (CR4) \wedge (CR5)$」相當於原則中的 ϕ，「Pa」相當於 χ，「$(CR6) \wedge (Ax)$」相當於 ψ，「Fa」相當於 δ。很明顯的，使用此原則，我們可由 (1′) 和 (4′) 推得 (5′)；而 (1′)，(4′)，(5′) 分別與(1)，(4)，(5)邏輯等值。

現在證明如下：

令 ϕ 為 $\psi_1, \psi_2, \psi_3, \cdots, \psi_n, \chi$ 等性質之合併；換言之，$\phi\alpha =_{df} \psi_{1\alpha} \wedge \psi_2\alpha \wedge \psi_3\alpha \wedge \cdots\cdots \psi_n\alpha \wedge \chi\alpha$，則下列語言皆為邏輯真句：

(1) $(\alpha)(\phi\alpha \rightarrow \psi_1\alpha)$

(2) $(\alpha)(\phi\alpha \rightarrow \psi_2\alpha)$

(3) $(\alpha)(\phi\alpha \rightarrow \psi_3\alpha)$

⋮

(n) $(\alpha)(\phi\alpha \rightarrow \psi_n\alpha)$

(n+1) $(\alpha)(\phi\alpha \rightarrow \chi\alpha)$

把 IAC 原則適用於(1)～(n)，我們會得到下面結果：

$$(1)\sim(n), (\psi_1\beta \wedge \psi_2\beta \wedge \psi_3\beta \wedge \cdots\cdots \wedge \psi_n\beta) \vdash_I \phi\beta$$

因為我們可使用演繹推論，由 (n+1) 及 $\phi\beta$ 導出 $\chi\beta$，亦即 (n+1), $\phi\beta \vdash_D \chi\beta$，因此我們可使用修正後的特殊結論原則得到下面結果：

$$(1)\sim(n), (n+1), (\psi_1\beta \wedge \psi_2\beta \wedge \psi_3\beta \wedge \cdots \wedge \psi_n\beta) \vdash_I \chi\beta$$

又因 (1)～(n+1) 皆為邏輯真句，故我們可得

$$(\psi_1\beta \wedge \psi_2\beta \wedge \psi_3\beta \wedge \cdots\cdots \wedge \psi_n\beta) \vdash_I \chi\beta$$

以上我們證明了 IAC 原則及修正後的特殊結論原則合併使用會得到不合理的結果。把此結果應用到韓佩爾所舉的例子，將得到下面結果：

$$Ga, Ta, Va, Ea, Sa, \vdash_I Fa$$

這也就是說，根本不須使用理論 Γ 中的公設 (Ax) 及對應規則 (CR1)～(CR6)，我們就可用歸納推論，由「Ga」、「Ta」、「Va」、「Ea」、「Sa」，導出「Fa」。因此，即使把 Γ 改成 Γ′ 之後，此種歸納關係並未受到影

響。韓佩爾認為此種歸納關係在新建構的理論 Γ′ 中無法建立。他的看法並不正確。他的例子和論證未能證明 Γ′ 的歸納功能較 Γ 為弱。

IV、IAC 原則與邏輯真句

也許有人會反對我們上一小節所做的證明，認為我們把 IAC 原則適用到邏輯真句是錯誤的。韓佩爾論證的第一步驟是把 IAC 原則適用到 (CR1)～(CR5) 等語句。這些語句並非邏輯真句。反之，我們在上一小節的證明中，卻把 IAC 原則適用到(1)～(n) 等邏輯真句。因此，反對者也許會主張說：如果限制 IAC 原則不能適用於邏輯真句，則韓佩爾的主張仍然是正確的，換言之，Γ′ 的歸納功能確實較 Γ 為弱。

現在的問題是：我們有沒有適當的理由限制 IAC 原則不可適用於邏輯真句？韓佩爾似乎也贊成對 IAC 原則加以如此的限制，但並未提出令人信服的理由[53]。也許有人會認為：我們必須限制 IAC 原則不能

---

[53] 事實上，韓佩爾只提到歸納法，並未提到 IAC 原則或其他類似原則。但是，我們如果假定他的第一步驟所依據的是 IAC 原則，那麼我們可以把他下面的文字當做他贊成限制 IAC 原則的證據："On the other hand, the system T'_B obtained by Craig's method does not lend itself to this inductive use; in fact, all its sentences are logical truths and thus T'_B makes no empirical assertion at all, for, as was noted above, all the V_B-theorems of T′ are logically true statements."（請看 Hempel, "The Theoretician's Dilemma," p. 215）

韓佩爾在上文中雖然提到邏輯真句不含任何經驗內容，但他似乎並非以此做為 IAC 原則不能適用於邏輯真句的理由。其實，他若以此為理由，也不能令人信服。我們之所以認為邏輯真句沒有經驗內容，乃是因為我們無法用演繹推論由邏輯真句導出有經驗內容的語句。但是用演繹推論無法導出有經驗內容的語句，並不表示用歸納法也無法導出。假定 IAC 原則可適用於邏輯真

適用於邏輯真句，否則會導出互相矛盾的語句。現證明如下：

令 ϕ' 為 $\psi_1, \psi_2, \psi_3, \cdots, \psi_n$，$\sim\chi$ 等性質之合併；換言之，$\phi'\alpha =_{df.} \psi_1\alpha \wedge \psi_2\alpha \wedge \psi_3\alpha \wedge \cdots\cdots \wedge \psi_n\alpha \wedge \sim\chi\alpha$。則下列語句皆為邏輯真句：

$$(1')\quad (\alpha)(\phi'\alpha \rightarrow \psi_1\alpha)$$

$$(2')\quad (\alpha)(\phi'\alpha \rightarrow \psi_2\alpha)$$

$$(3')\quad (\alpha)(\phi'\alpha \rightarrow \psi_3\alpha)$$

⋮

$$(n')\quad (\alpha)(\phi'\alpha \rightarrow \psi_n\alpha)$$

$$(n+1')\quad (\alpha)(\phi'\alpha \rightarrow \sim\chi\alpha)$$

把 IAC 原則適用於 (1')～(n')，我們會得到下面結果：

$$(1')\sim(n'), (\psi_1\beta \wedge \psi_2\beta \wedge \psi_3\beta \wedge \cdots\cdots \wedge \psi_n\beta) \vdash_I \phi'\beta$$

因為我們可使用演繹推論，由 (n + 1') 及 $\phi'\beta$ 導出 $\sim\chi\beta$，亦即 $(n+1'), \phi'\beta \vdash_D \sim\chi\beta$，因此我們可使用修正後的特殊結論原則得到下面結果：

$$(1')\sim(n'), (n+1'), (\psi_1\beta \wedge \psi_2\beta \wedge \psi_3\beta \wedge \cdots\cdots \wedge \psi_n\beta) \vdash_I \sim\chi\beta$$

又因 (1')～(n+1') 皆為邏輯真句，故我們可得

$$(\psi_1\beta \wedge \psi_2\beta \wedge \psi_3\beta \wedge \cdots\cdots \wedge \psi_n\beta) \vdash_I \sim\chi\beta$$

以上我們證明了 IAC 原則及修正後的特殊結論原則合併使用可由 $\psi_1\beta$、$\psi_2\beta$、$\psi_3\beta$、……、$\psi_n\beta$ 導出 $\sim\chi\beta$。但在前一小節（亦即第 III 小節）我們已證明了該兩原則合併使用也可由相同的語句導出 $\chi\beta$。

句，則可導出有經驗內容的語句。我們若要限制 IAC 原則不可適用於邏輯真句，必須另找理由，而不能以邏輯真句不具經驗內容做為限制的理由。

在這兩個證明中，我們都把 IAC 原則適用於邏輯真句。可見，若允許 IAC 原則適用於邏輯真句，則它和修正後的特殊結論原則合併使用，可由互相一致的語句 $\psi_1\beta$、$\psi_2\beta$、$\psi_3\beta$、……、$\psi_n\beta$ 導出互相矛盾的語句 $\chi\beta$ 和～$\chi\beta$。

然而，我們即使把 IAC 原則適用於邏輯真句以外的語句，也會由互相一致的語句導出互相矛盾的語句。現舉例證明如下：

設 A 和 B 是兩種無法直接觀察的疾病，它們有許多共同症狀，諸如：發燒、疲倦、頭痛、昏昏欲睡、食慾不振、體重減輕、嘔吐等等，分別以「C」、「D」、「E」、「F」、「G」、「H」、「I」來表示。但這兩種疾病也有不相同的症狀：A 有高血壓症狀，B 有血壓過低症狀，分別以「J」和「K」來表示。假設患有高血壓症狀的人不會同時有血壓過低症狀。這些可用符號式表示如下：

(1) $(x)(Ax \rightarrow Cx)$

(2) $(x)(Ax \rightarrow Dx)$

(3) $(x)(Ax \rightarrow Ex)$

(4) $(x)(Ax \rightarrow Fx)$

(5) $(x)(Ax \rightarrow Gx)$

(6) $(x)(Ax \rightarrow Hx)$

(7) $(x)(Ax \rightarrow Ix)$

(8) $(x)(Ax \rightarrow Jx)$

(9) $(x)(Bx \rightarrow Cx)$

(10) $(x)(Bx \rightarrow Dx)$

(11) $(x)(Bx \rightarrow Ex)$

(12) $(x)(Bx \rightarrow Fx)$

(13) $(x)(Bx \rightarrow Gx)$

(14) $(x)(Bx \rightarrow Hx)$

(15) $(x)(Bx \rightarrow Ix)$

(16) $(x)(Bx \rightarrow Kx)$

(17) $(x)(Jx \rightarrow \sim Kx)$

又假定有一個人 a 具有上述共同症狀。這可用符號式表示如下：

(18) Ca

(19) Da

(20) Ea

(21) Fa

(22) Ga

(23) Ha

(24) Ia

使用 IAC 原則，我們可得到下面結果：

(1)～(7)，(18)～(24) $\vdash_{I}$ Aa

又因我們可用演繹推論，由(8)和「Aa」導出「Ja」，亦即

(8)，Aa $\vdash_{D}$ Ja

故按照修正後的特殊結論原則，可得

(1)～(8)，(18)～(24) $\vdash_{I}$ Ja（我們稱此結果為「甲」）

同樣的，使用 IAC 原則，我們也可得到下面結果：

(9)～(15)，(18)～(24) $\vdash_{I}$ Ba

又因使用演繹推論，可由(16)，(17)，「Ba」導出「～Ja」，亦即

⑯，⒄，$Ba \vdash_D \sim Ja$

故按照修正後的特殊結論原則，可得

⑼～㉔$\vdash_I \sim Ja$（我們稱此結果為「乙」）

甲、乙兩項結果合併，可得下列結果：

⑴～㉔$\vdash_I Ja \wedge \sim Ja$

很明顯的，⑴～㉔並非邏輯真句，且互相一致。可見 IAC 原則與修正後的特殊結論原則合併使用，即使適用於邏輯真句以外的語句，也會由互相一致的語句導出互相矛盾的語句。因此，我們不能以會導出互相矛盾的語句為理由，來限制 IAC 原則的適用範圍，令其不可適用於邏輯真句。

V、IAC 原則與 CSC 原則

我們在第 III 小節曾指出 IAC 原則的困難；我們證明了它與修正後的特殊結論原則合併使用會導致不合理的結果。在第 IV 小節我們又指出即使限制 IAC 原則不能適用於邏輯真句，仍無法避免不合理的結果。在本小節中我們將討論另一個可能避免不合理結果的方法。

喬治．史拉辛格 (George Schlesinger) 曾提出如下的原則[54]：

> 假如 h 可由 b 得到驗證，～h 也可由 b 得到驗證，而且驗證的方法完全相同，則這兩個驗證的效果互相抵銷。

史拉辛格稱此原則為「對稱反對抵銷原則」(principle of the cancellation of symmetrical contraries)，我們將簡稱為「CSC 原則」。他認為此原則可用來解決逆推衍原則的困難。因為使用和赫塞及韓佩爾相同的證明

[54] 參看 George Schlesinger, *Confirmation and Confirmability*, p. 59.

方法，我們不但可以證得 $\phi \vdash_I \chi$，同時也可證得 $\phi \vdash_I \sim\chi$。其證明如下：令 χ 為 $(\phi \wedge \sim\psi)$。因為 $\chi \vdash_D \phi$，故按照逆推衍原則，可得 $\phi \vdash_I \chi$。又因 $\chi \vdash_D \sim\psi$，故按照特殊結論原則，可得 $\phi \vdash_I \sim\psi$。既然 ψ 和 $\sim\psi$ 都可用完全相同的方法由 ϕ 得到驗證，則按照 CSC 原則，這兩個驗證的效果互相抵銷，換言之，ψ 和 $\sim\psi$ 都得不到 ϕ 的驗證[55]。

CSC 原則也可以用來解決 IAC 原則在第 III 小節中所遇到的困難。因為 IAC 原則與特殊結論原則合併使用，不但可以證得

$$(\psi_1\beta \wedge \psi_2\beta \wedge \psi_3\beta \wedge \cdots\cdots \wedge \psi_n\beta) \vdash_I \chi\beta$$

而且用完全相同的方法也可證得

$$(\psi_1\beta \wedge \psi_2\beta \wedge \psi_3\beta \wedge \cdots\cdots \wedge \psi_n\beta) \vdash_I \sim\chi\beta$$

換言之，$\chi\beta$ 和 $\sim\chi\beta$ 都可由 $(\psi_1\beta \wedge \psi_2\beta \wedge \psi_3\beta \wedge \cdots\cdots \wedge \psi_n\beta)$ 得到驗證，且其驗證方法完全相同。因此，依照 CSC 原則，這兩個驗證的效果互為相抵銷，亦即 $\chi\beta$ 和 $\sim\chi\beta$ 都得不到 $(\psi_1\beta \wedge \psi_2\beta \wedge \psi_3\beta \wedge \cdots\cdots \wedge \psi_n\beta)$ 的驗證。

然而 CSC 原則卻無法解決我們在第 IV 小節中所指出的 IAC 原則的另一困難，即：把 IAC 原則適用於邏輯真句以外的語句，也會由互相一致的語句導出互相矛盾的語句。因為在該小節所舉的例子中，雖然「Ja」和「～Ja」都得到驗證，但並不是由相同的語句得到驗證。「Ja」 是由(1)～(8)及(18)～(24)得到驗證 （請看該小節中的甲結果），而「～Ja」則是由(9)～(24)得到驗證（請看乙結果）。因此，CSC 原則在此無法適用。這兩項驗證的效果無法互相抵銷。

[55] 參看 Schlesinger, *Confirmation and Confirmability*, pp. 58–63.

VI、IAC 原則與直覺

從以上三小節（即第 III～V 小節）的討論，我們可以看出 IAC 原則的困難似乎不易解決。在這些困難未得到解決之前，我們沒有理由接受 IAC 原則。因此，我們在第 I 小節所述的韓佩爾的反例及論證也難以令人信服。

有人也許會為韓佩爾的論證辯護，認為歸納推論與演繹推論不同：演繹推論是否有效可從語句形式來判斷，反之歸納推論是否正確卻不可完全根據語句形式來判斷。歸納推論無法用形式規則來加以規範。因此，韓佩爾論證的第一步驟，從表面形式看來似乎符合了 IAC 原則，但這個推論步驟的正確性卻不因為 IAC 原則無法令人接受而受影響。IAC 原則本身雖不能無條件加以接受，但在某些特殊情況下，也未嘗不可適用[56]。到底在那一種情況下可以適用，那種情況下不可適用，很難做明確的規定。但不可否認的，它適用於韓佩爾論證的第一步驟，看起來似乎頗為合理。

然而我們認為該一推論步驟之所以看來頗似合理，並不是因為我們知道 G、T、V、E、S 等為 P 的必要條件或必備性質，而是因為我們相信大部分同時具備 G、T、V、E、S 等性質的東西是白燐（亦即 P)。為了說明這一點，讓我們來考慮一種假想情況。假設我們相信除了 G、T、V、E、S、F 等性質之外，P 再也沒有其他必備條件。又假設我們過去的經驗告訴我們：在所有同時具備 G、T、V、E、S 等性質的東西之中，有 90% 未具有性質 F，因而不是 P。試問在此情況下，

[56] 倪尼勞托和杜美拉曾提到此類論點，但未詳細論述。參看 Niiniluoto and Tuomela, *Theoretical Concepts and Hypothetico-Inductive Inference*, p. 5.

我們仍然會認為用歸納法由「Ga」、「Ta」、「Va」、「Ea」、「Sa」導出「Pa」是合理的，可以令人接受的推論步驟嗎？答案似乎是否定的。

如果我們上面的看法是正確的，則在韓佩爾所舉的例子中，由「Ga」、「Ta」、「Va」、「Ea」、「Sa」導出「Pa」的推論步驟之所以看起來似乎頗為合理，其原因不在於有 (CR1)～(CR5) 做為歸納推論的依據，而是在於我們認定了大部分同時具備 G、T、V、E、S 等性質的東西是 P。但是，述詞「P」並非可觀察詞，它所指涉的不是可觀察的性質。為了要知道在所有同時具備 G、T、V、E、S 等性質的物體中，到底有多少是 P，我們必須知道它們之中有多少具備其他可觀察的必備性質，例如 F。

我們可以清楚的看出：為要由「Ga」、「Ta」、「Va」、「Ea」、「Sa」導出「Fa」，我們不須要使用 (CR1)～(CR6) 及 (Ax)，我們所需要的是如下的式子：

$$p(F / G \wedge T \wedge V \wedge E \wedge S) = r\%$$

此式表示：在所有同時具備 G、T、V、E、S 等性質的東西之中，有百分之 r 具有性質 F。只要百分比 r 高到可以令人接受的程度，我們就可使用這個式中，由「Ga」、「Ta」、「Va」、「Ea」、「Sa」導出「Fa」。在導衍過程中，根本不須要使用「P」和「I」兩個理論性詞。

有人也許會說：上面的統計概率語句無法由 Γ′ 導出。然而該式不但無法由 Γ′ 導出，它也無法由原理論 Γ 導出。可見，韓佩爾所舉的例子及論證不能證明 Γ 比 Γ′ 有較強的歸納功能。Γ′ 所無法建立的可觀察句之間的歸納關係，Γ 照樣無法建立。

當然，歸納邏輯是一門尚未充分發展的學科，其中還有許多未解決的問題。我們目前還不敢斷言：用克雷格方法所建構的理論 Γ′，一

定與原理論 Γ 有相等的歸納功能[57]。我們在本節（第七節）中所主張的只是：韓佩爾所舉的例子及其論證無法證明 Γ 在歸納功能上有任何優於 Γ′ 之處。

八、克雷格方法與科學理論的說明功能

我們在第四節曾經證明：使用克雷格方法由 Γ 所構作的新理論 Γ′ 並未喪失原理論 Γ 所原有的演繹功能。在第七節，我們雖然沒有證明 Γ′ 具有 Γ 所原有的歸納功能；但是，我們反駁了韓佩爾的論證。他的論證是企圖用例子證明 Γ′ 喪失了 Γ 所原有的歸納功能。此外，在第五和第六兩節，我們也反駁了一些認為克雷格方法無法用來消除理論性詞的主張。然而，我們雖然為克雷格方法做了這些辯護，並不表示我們認為克雷格定理確實證明了理論性詞在理論上是多餘的，也不表示我們主張克雷格定理可用來支持科學工具論。我們認為使用克雷格方法由 Γ 所構成的 Γ′ 有一項嚴重的缺陷，那就是 Γ′ 不一定具有 Γ 所原有的說明功能。

科學理論的主要功能之一是要對我們所觀察到的現象加以說明。因此，我們若要用新建構的科學理論 Γ′ 來取代原先的科學理論 Γ，則 Γ′ 和 Γ 對可觀察現象必須具有相同的說明功能。有許多科學哲學家認為說明功能包括演繹功能及歸納功能在內。他們認為科學說明的邏輯

---

[57] 參看 Herbert G. Bohnert, "In Defense of Ramsey's Elimination Method," p. 280. 巴納特是在討論瑞姆濟方法 (Ramsey's method) 的歸納功能時，提到這一點。他並未討論克雷格方法。有關瑞姆濟的方法，請參看拙著〈瑞姆濟的理論性概念消除法〉（刊登於《思與言》雙月刊第 18 卷第 5 期，1981 年 1 月，第 404–421 頁；現收入本文集中）。

結構是由說明項 (explanans) 導出待說明項 (explanandum)。一個切當的科學說明必須是一個有效的演繹論證或強有力的歸納論證。但這些最多只能說是科學說明的必要條件，而不是充分條件。到底科學說明還須具備那些條件呢？關於這一點，科學家之間的意見很不一致。有些甚至主張科學說明中的歸納推論不必是強有力的推論，只要多少顯示前提與結論的相關性即可；也有人進一步主張科學說明根本不須要推論。這些不同的主張，我們都要在本節中加以討論。我們討論的重點不在於這些主張的正確與否。我們討論的目的是要指出：不管依據那一種主張，亦即不管對科學說明採取那一種學說，Γ′ 都無法保存 Γ 所原有的說明功能。

在分別討論這些不同的主張之前，我們先舉一個常見的例子，粗略的解說為何 Γ′ 不一定具備 Γ 所原有的說明功能。科學哲學家在討論用理論性概念來說明可觀察現象時，最常舉的例子是以氣體分子動力論 (kinetic molecular theory of gases) 來說明波義耳及查理定律 (Boyle-Charles law)[58]。

波義耳及查理定律是說：氣體的體積與其周遭的絕對溫度成正比，

---

[58] 參看 Norman Campbell, *What Is Science?* pp. 81–83; Richard Bevan Braithwaite, *Scientific Explanation: A Study of the Function of Theory, Probability and Law in Science*, p. 115; Ernest Nagel, *The Structure of Science: Problems in the Logic of Scientific Explanation*, pp. 343–345; Carl G. Hempel, "Studies in the Logic of Explanation," pp. 258–259; Carl G. Hempel, *Philosophy of Natural Science*, pp. 73, 75; Michael Friedman, "Explanation and Scientific Understanding," pp. 5–19; Michael Friedman, "Theoretical Explanation," pp. 1–16; Richard J. Blackwell, *Discovery in the Physical Sciences*, p. 63; Philip Kitcher, "Explanation, Conjunction, and Unification," pp. 209–210.

而與其所受的壓力成反比。因為氣體的體積、所受的壓力，以及氣溫都是可觀察的；因此，我們可以把該定律所描述的現象當做可觀察現象。氣體分子動力論的要點如下：氣體是分子所組成的，分子與分子之間的距離比分子的大小要大得多。氣體受壓力而減小體積，乃是因為分子與分子之間的距離縮短，分子本身的大小並未改變。氣體的分子不斷的做快速的直線運動，但因為分子間會相互碰撞，也會碰到容器的內壁，因此分子不會跑遠。分子與分子之間也像天空的星球一樣會互相吸引。氣體所受的壓力是由於這些分子碰撞容器的內壁而產生的。因為溫度愈高，分子運動愈快，容器內壁所受的碰撞愈頻繁，因而壓力愈大。相同的，若容器的體積減小，則容器內壁所受的碰撞頻率會增加，因而氣體的壓力也隨之增加[59]。

很明顯的，氣體分子動力論很圓滿的說明了波義耳及查理定律所描述的可觀察現象。然而氣體分子動力論所描述的現象大多不是可觀察的。氣體的分子太小，通常一公升氣體約有 2.6889×10^{22} 個分子。每一個氧分子重約 5.3×10^{-23} 公克，每一個氫分子重約 3.34686×10^{-24} 公克。氣體分子的運動速度太快。在氣溫 0°C 時一個氧分子每秒移動 461 公尺，氫分子移動 1838 公尺，可見氣體分子動力論所描述的現象大多是不可觀察的，用來描述這些不可觀察的現象的詞都是理論性詞。讓我們假定氣體分子動力論可以公設化。令 Γ 為公設化的氣體分子動力論，Γ' 為使用克雷格方法由 Γ 所建構的新理論。因為理論性詞，諸如：「氣體分子」、「分子運動」、「分子運動速度」、「分子碰撞容器內

---

[59] 關於波義耳及查理定律以及氣體分子動力論，請看 T. G. Cowling, *Molecules in Motion: An Introduction to the Kinetic Theory of Gases.*

壁」等等，都不出現於 Γ′ 之中；因此，Γ′ 無法描述氣體分子的活動，當然也就無法用分子的活動來說明氣體的體積、壓力、和氣溫之間的關係。Γ′ 根本不能叫做「氣體分子動力論」，它只包含那些可用演繹推論由 Γ 所導出的可觀察語句之重複連言[60]。波義耳及查理定律的重複連言會出現於 Γ′ 之中，而且會成為 Γ′ 中的公設。從 Γ′ 固然可導出波義耳及查理定律，但只是從該定律本身的重複連言導出。很明顯的，從一個重複連言 ($\alpha \wedge \alpha \wedge \alpha \wedge \cdots\cdots \wedge \alpha$) 導出其連言因子 α，對 α 沒有任何說明力。在 Γ′ 中不一定能夠找到更基本或更普通的公設，可用來說明波義耳及查理定律。可見，把 Γ 改寫成 Γ′ 之後，有可能喪失其原有的說明功能。

在討論上面的例子時，我們認定「氣體分子」、「分子運動」等等為理論性詞。也許有人不贊同我們的歸類，他們會認為這些詞應該屬於可觀察詞。這一類爭論的關鍵在於如何劃分可觀察詞與理論性詞。詳言之，我們是否要把使用電子顯微鏡才可看到的氣體分子算做可觀察的物體？要不要把用賈特曼實驗 (Zartman's experiment) 所測出的分子運動速度算做可觀察的性質[61]？我們遵循一般科學哲學家的慣例，把這些須要使用極複雜的儀器或實驗才可看到的東西或性質算做是不可觀察的東西或性質。我們在以後的討論中，也將繼續把它們當做不是可觀察的。若有人不贊同，他也不難另外舉出他認為不可觀察的例子，來取代我們所舉的例子。比如說，他可以舉出使用潛意識說明人類行為的例子，來取代我們用氣體分子動力論說明波義耳及查理定律

---

[60] 請看本文第四節(一)所敘述 Γ′ 的構作法，尤其是步驟(C)。

[61] 關於使用電子顯微鏡看分子以及使用賈特曼實驗測量分子運動的速度，請看 Eric M. Rogers, *Physics for the Inquiring Mind*, Chapter 25, pp. 353–369.

的例子。只要有一個例子，使用克雷格方法重新建構之後，會喪失原有的說明功能，就足以顯示克雷格方法的缺點[62]。克雷格方法是一個機械性的固定程序，它可以適用於一切公設系統，但我們卻沒有機械性的固定程序足以判定新建構的系統是否保存原公設系統的說明功能。因此，我們沒有固定的程序足以判定一個科學理論的公設系統使用克雷格方法建構之後是否妥當。又因為按照克雷格方法建構的新系統含有無限多個公設，在比較複雜的公設系統中，我們不易判斷會不會出現具有說明力的公設，足以保存原系統的說明功能。

此外，也許有人會反對我們以氣體分子動力論做為討論的例子；因為它是否能夠構成公設系統，以導出波義耳及查理定律，仍然可疑。但這一點並不足以削弱我們的論證。因為我們的論證是要指出克雷格方法的弱點。如果它可以公設化，則使用克雷格方法的結果，所建構的新公設系統喪失了原有的說明功能。反之，如果它不能公設化，則克雷格方法根本無法使用。而且我們所指出的 Γ′ 可能喪失說明功能的情況，並不是該例子所特有的，在其他例子中（包括確實可以公設化的例子中）照樣可能存在。因此，在後面的討論中我們仍將使用一些未知能否公設化的理論做為例子。

I、韓佩爾的涵蓋律說

在眾多有關科學說明的學說中，影響最廣，歷史最久，引起最多

[62] 當韓佩爾企圖證明新建構的理論 Γ′ 未能保留原理論 Γ 的歸納功能時，也只是舉出一個例子，想要用它來證明 Γ′ 有可能喪失 Γ 原有的歸納功能。他並不是要證明：任何理論 Γ 重新建構成 Γ′ 之後，一定會喪失其歸納功能。請參看本文第七節第 I 小節。

討論的，大概要數韓佩爾的涵蓋律說 (covering law theory)。據韓佩爾的說法，此種學說可溯至約翰·彌爾 (John Stuart Mill, 1806–1873)[63]。事實上，目前主張此種學說的人也不只韓佩爾一人[64]。但是因為韓佩爾對此學說的闡釋及有關問題的討論最為詳盡；因此，通常都以他的主張做為此說的代表。我們也遵循一般慣用法，把此學說稱之為「韓佩爾的涵蓋律說」。現依據他的主要論著，簡略的敘述涵蓋律說的要點如下[65]。

在科學上，我們常常企圖對某一事象之所以發生的道理加以說明。這種科學說明的目的，無非是要指明：該事象之發生是符合自然律的；根據這些自然律，在某些特定情況下，本來就應該發生這種事象；因此我們若知道這些特定情況的存在，本來就應該會預期這種事象會發生。換言之，要說明某一事象為何會發生，乃是要從某些普通定律及描述特定情況的語句，導出描述該事象的語句。詳言之，對某一事象

[63] 參看 Carl G. Hempel and Paul Oppenheim, "Studies in the Logic of Explanation," p. 251.

[64] 除了韓佩爾之外，主張此學說的主要科學哲學家及其著作如下：Rudolf Carnap, *An Introduction to the Philosophy of Science*; Ernest Nagel, *The Structure of Science*; Israel Scheffler, *The Anatomy of Inquiry.*

[65] 參閱 Hempel 的下列論著："The Function of General Laws in History," "Studies in the Logic of Explanation," "Aspects of Scientific Explanation," "Deductive-Nomological vs. Statistical Explanation," "The Theoretician's Dilemma: A Study in the Logic of Theory Construction," 以及 *Philosophy of Natural Science.* 此外，筆者曾在〈科學說明〉及〈瑞姆濟的理論性概念消除法〉兩文中，對韓佩爾的涵蓋律說做淺顯扼要的介紹。前者收入拙著《白馬非馬》（三民文庫），後者收入本文集之內。

的科學說明必須是符合下面模式的論證：

$$\text{演繹推論或歸納推論}\quad \left.\left\{\begin{array}{l} C_1, C_2, C_3, \cdots\cdots, C_k \\ L_1, L_2, L_3, \cdots\cdots, L_r \end{array}\right.\right\}\text{說明項} \quad \longrightarrow E$$

在此，$C_1, C_2, C_3, \cdots\cdots, C_k$ 是描述特殊情況的語句。這些情況必須在待說明的事項發生之前就已存在，最遲也須在事象發生之同時存在；因此，叫做「先行條件」(antecedent conditions)。$L_1, L_2, L_3, \cdots\cdots, L_r$ 是普遍定律，包括全稱形式 (universal form) 及統計概率形式 (statistic-probabilistical form) 的定律在內[66]。E 則是待說明事象的描述。

若一個說明中所使用的普遍定律都是全稱形式的，而由說明項導出待說明項的推論是演繹的，則該說明稱之為「演繹律則說明」(deductive-nomological explanation)[67]。若其所使用的普遍定律中有統

---

[66] 普遍定律不一定要含有全稱量詞 (universal quantifier)。在此，「普遍」一詞的意義是「不指涉特定的個體」。

[67] 嚴格的說，此一名詞並不十分恰當。魏斯理・沙蒙 (Wesley Salmon) 曾指出：韓佩爾所認可的任何種類的說明都可稱之為「律則的」(nomological)，因為它們都需要普遍定律。請參看 Salmon, "Statistical Explanation"，註 3。因此，在與其他種類的說明（例如：下述的演繹統計說明和歸納統計說明）做對比時，實在不必特別強調此種說明是「律則的」。韓佩爾之所以使用這樣的名稱，據筆者揣測，只是沿用他早期所慣用的名稱而已。當他在早期的論著中提出涵蓋律說時，只討論使用演繹推論及全稱式普遍定律的科學說明，而對使用歸納推論或統計概率式普遍定律的科學說明，並未加以討論（請參看他 1942 年的 "The Function of General Laws in History" 及 1948 年的 "Studies in the Logic of Explanation"）。據筆者所知，他首先使用 "nomological" 一詞是在 1959 年的 "Logic of Functional Analysis" 一文。他使用此詞語，目的在強

計概率式定律，而推論仍然是演繹的，則稱之為「演繹統計說明」(deductive-statistical explanation)。再者，若其所使用之定律中有統計概率式定律，而推論為歸納推論，則稱之為「歸納統計說明」(inductive-statistical explanation)。但我們必須注意到沒有一種說明是普遍定律都為全稱語句，而推論是歸納的。換言之，歸納說明所用的普遍定律不會全為全稱語句，而至少要有一個統計概率定律[68]。此外，因為演繹統計說明的待說明項必定是統計概率語句而不是單稱語句；因此，此種說明只是用涵蓋範圍較廣的統計概率定律，來說明涵蓋範圍較狹的統計概率定律，而不是用來說明某一單獨事象何以會發生[69]。可見，只有演繹律則說明及歸納統計說明兩種可用來說明單獨事象。

按照韓佩爾的學說，要說明一個單獨事像，必須滿足下面四個條

調任何說明都必須使用普遍定律。在該文中，他雖指出律則說明包括演繹說明及歸納說明兩種，但卻稱前者為「演繹律則說」，而後者只稱為「歸納說明」，未加 "nomological" 一詞。以後，在 1962 年的 "Deductive-Nomological vs. Statistical Explanation" 以及 1965 年的 "Aspects of Scientific Explanation" 兩文中，雖把歸納說明稱為「歸納統計說明」，同時把演繹說明分成使用全稱式普遍定律及使用統計概率式普遍定律兩種，並稱後者為「演繹統計說明」，但並未把前者稱為「演繹全稱說明」，而仍繼續沿用早期所慣用的「演繹律則說明」。

[68] 在韓佩爾的分類中，歸納說明只有一種，那就是歸納統計說明，並沒有不使用統計概率定律的歸納說明。然而，他並未說明為什麼沒有這種歸納說明。令人不解的是：韓佩爾自己在別的地方所舉的科學說明的例子中，居然有這種歸納說明。我們在本文第七節所討論的例子就是這種歸納論證。韓佩爾在那個歸納說明中所使用的普遍定律 (CR1)～(CR6) 及 (Ax) 都是全稱語句，並沒有統計概率定律。

[69] 參看 Hempel, "Aspects of Scientific Explanation," §§2.1, 3.1, 3.2, 3.3。

件，才會成為切當的科學說明：

條件 1. 以說明項為前提，待說明項為結論的論證必須是有效的演繹論證或強有力的歸納論證。

條件 2. 說明項必須含有普遍定律，而這些定律必須是導出待說明項所必需的。換言之，刪去這些定律之後，由說明項中所剩下的其他前提，就無法導出待說明項[70]。

條件 3. 說明項必須具有經驗內容。換言之，它至少在原則上必須可用實驗或觀察來加以驗證。

條件 4. 說明項中所含的語句必須全部為真或至少要得到高度驗證 (highly confirmed)[71]。

因為韓佩爾的學說要求科學說明一定要使用普遍定律，因此威廉．瑞 (William Dray) 使用「涵蓋律模式」一詞來指涉韓佩爾的演繹律則說明[72]。但據威廉．瑞自己解釋，涵蓋律說的主張不過是說：要

---

[70] 至於說明項中是否非有先行條件不可，韓佩爾並未特別強調。他曾指出，若待說明項本身就是一項定律，而不是單獨事象，則說明項中可能全都是定律，而不一定要有先行條件。請參看他的 "Studies in the Logic of Explanation," p. 248. 依常理判斷，若待說明項是單獨事象，則說明項中似乎至少要有一個先行條件才對。

[71] 韓佩爾在 "Studies in the Logic of Explanation" (1948), p. 248; "The Theoretician's Dilemma: A Study in the Logic of Theory Construction" (1958), p. 177; 以及 "Aspects of Scientific Explanation" (1965), p. 338 等著作中要求說明項中的語句必須是真的。但是在 "The Function of General Laws in History" (1942), p. 232; 及 "Deductive-Nomological vs. Statistical Explanation" (1962), pp. 101–103 兩文中，他卻要求說明項中的語句只要能夠得到合理程度的驗證 (reasonably well confirmed) 即可。

說明一個事象，必須使該事象包攝於普遍定律之中[73]。按照這樣的解釋，「涵蓋律模式」一詞不僅可指涉演繹律則說明，同時還可指涉韓佩爾所認可的一切說明，包括演繹統計說明及歸納統計說明在內。因此，韓佩爾雖然採用威廉・瑞的「涵蓋律模式」一詞，但卻用來泛指一切使用普遍定律的說明[74]。我們在本文中也採取這種廣義的用法。因此不僅約翰・彌爾 (John Stuart Mill)、卡納普 (Rudolf Carnap)、納格爾 (Ernest Nagel)、謝佛勒 (Israel Scheffler)，及韓佩爾等人主張涵蓋律說[75]，我們還可以把傑芳斯 (W. Stanley Jevons)、杜卡西 (C. J. Ducasse)、坎培爾 (Norman Robert Campbell)、波柏爾 (Karl R. Popper)、及布萊斯威特 (Richard Bevan Braithewaite) 等著名的科學哲學家也列入主張廣義的涵蓋律說的名單之內[76]。

---

[72] 參看 William Dray, *Laws and Explanation in History*, 第 I 章及第 II 章的 §§1–4，亦即 pp. 1–44。

[73] 參看 William Dray, *Laws and Explanation in History*, p. 1.

[74] 韓佩爾在他的 "Aspects of Scientific Explanation," pp. 345–346 中曾明白指出這一點。筆者認為威廉・瑞之所以特指演繹律則說明，乃是因為他在 1957 年出版 *Laws and Explanation in History* 時，韓佩爾尚未強調還有其他種類的說明，更未對其他種類的說明做詳細的探討（請參看本文註[67]）；而且該書的目的是要指明對歷史事件所做的說明不一定要使用普遍定律，因此涵蓋律模式是否只限於演繹律則說明，對威廉・瑞並不重要。

[75] 參看本文註[64]。

[76] 參看 W. Stanley Jevons, *The Principles of Science*, p. 533; J. C. Ducasse, "Explanation, Mechanism, and Teleology," pp. 150–151; Norman Robert Campbell, *What Is Science?* p. 78; Karl R. Popper, *The Logic of Scientific Discovery*, pp. 59–60; 及 Richard Bevan Braithwaite, *Scientific Explanation: A Study of the Function of Theory, Probability and Law in Science*, p. 320.

由上面的敘述，我們可以很清楚的看出：按照涵蓋律說，一個科學理論若不含任何普遍定律，即不具任何說明力，無法達成任何說明功能。下面我們即將指出：當我們使用克雷格方法，把含有普遍定律的科學理論 Γ，重新建構成 Γ' 之後，Γ' 有可能不含任何普遍定律，因而喪失了 Γ 所有的說明功能。

假設有一科學理論 Γ_1 只含下列兩個普遍定律。

$L_1 : (x)(T_1x \rightarrow T_2x)$

$L_2 : (x)(T_2x \rightarrow T_3x)$

其中「T_1」、「T_2」、「T_3」皆為理論性詞。又假設有關這些理論性詞的對應規則，迄今為止只有下列三則：

$CR_1 : (x)(R_1x \rightarrow (O_1x \rightarrow \sim T_1x))$

$CR_2 : (x)(R_2x \rightarrow (O_2x \rightarrow \sim T_2x))$

$CR_3 : (x)(R_3x \rightarrow (O_3x \rightarrow \sim T_3x))$

其中「R_1」、「R_2」、「R_3」、「O_1」、「O_2」、「O_3」皆為可觀察詞，而且「R_1」、「R_2」、「R_3」是可實現的 (realizable)[77]。從下面的論證，可以

---

[77] 據卡納普 (Rudolf Carnap) 解釋，所謂一個述詞是「可實現的」意思是說：在適當情況下，我們有辦法使一些物體具有該述詞所描述的性質。

卡納普曾強調大部分對應規則無法使用可觀察詞來定義理論性詞；換言之無法充分表達理論性詞的意義。他主張不必苛求理論性詞都必須由可觀察詞加以完全的定義，只要加以部分定義，能夠表達出理論性詞的部分意義即可。他認為像 $(CR_1)\sim(CR_3)$ 這類語句，只要「R_1」、「R_2」、「R_3」是可實現的，而「O_1」、「O_2」、「O_3」是可觀察的，就足以表達「T_1」、「T_2」、「T_3」等理論性詞的部分意義，因而可做為對應規則。參看 Rudolf Carnap, “Testability and Meaning,” Chapter III, §8.

看出 Γ_1 具有說明單獨事象的功能：

演繹推論

$$\begin{cases} L_1 : (x)(T_1x \rightarrow T_2x) \\ L_2 : (x)(T_2x \rightarrow T_3x) \\ CR_3 : (x)(R_3x \rightarrow (O_3x \rightarrow \sim T_3x)) \\ \text{先行條件} : \begin{cases} T_1a \\ R_3a \end{cases} \end{cases}$$

$$\longrightarrow \sim O_3a$$

由於這個論證是有效的演繹論證，而其前提中的所有定律都是全稱語句，並無統計概率語句，而且結論是敘述單獨事象的單稱語句；因此，這個論證是對單獨事象所做的演繹律則說明[78]。

[78] 關於這個演繹律則說明，有兩點必須特別注意。第一，在說明項中，除普遍定律 L_1 和 L_2 之外，還有對應規則 CR_2。這與韓佩爾所提出的模式不完全符合。筆者認為韓佩爾既然一再強調對應規則的重要性，他應該允許在說明項中出現對應規則，或者把對應規則包括在廣義的普遍定律之內。第二點要注意的是：兩個先行條件不全是可觀察語句，其中「T_1a」是不可觀察的。這一點並未違背韓佩爾的模式。他並未要求先行條件必須是可觀察語句。事實上，使用不可觀察的先行條件來說明可觀察事象的實例極為常見。韓佩爾曾引用佛洛伊德 (Sigmund Freud) 在 *Psychopathology of Everyday Life*, p. 64 中所提出的一個說明做為部分說明 (partial explanation) 的實例。佛洛伊德用他潛意識中的願望來說明他筆誤的原因。在他的說明中，待說明的事象是筆誤，那是可以觀察到的單獨事象；他潛意識中的願望是說明項的先行條件之一，那是不可觀察的。韓佩爾之所以認為這個說明只是部分說明而不是完整的說明，乃是因為佛洛伊德並未提出普遍定律來說明潛意識的願望與筆誤之間的關聯。韓佩爾並沒有指責佛洛伊德用不可觀察的潛意識做為先行條件，來說明可觀察的筆誤事象。請參看 Hempel, "Aspects of Scientific Explanation," pp. 415–416.

現在，我們要討論的是：使用克雷格方法把 Γ_1 重新建構成 Γ'_1 之後，是否還具有如上的說明功能？根據我們在本文第四節所敘述的由 Γ 構作 Γ' 的步驟（尤其是步驟(B)），Γ'_1 包含所有可由 Γ_1 演繹出的可觀察語句而不包含任何不可觀察的語句在內。很明顯的，由 L_1、L_2、CR_1、CR_2、CR_3 無法演繹出不含理論性詞「T_1」、「T_2」、「T_3」的普遍定律。換言之，由 Γ_1 無法演繹出可觀察的普遍定律。因此，Γ'_1 不含任何普遍定律在內。可見，Γ'_1 所含的語句無法用來說明任何事象。Γ'_1 根本不能成為一個理論，無法保留 Γ_1 原有的說明功能。

上面所舉的例子是演繹說明。現在讓我們再舉一個歸納說明的例子。假設有一科學理論 Γ_2 只含下面一個普遍定律：

$$L_3 : p(T_5, T_4) = 0.87$$

其中「T_4」、「T_5」皆為理論性詞。又假設有關這兩個理論性詞的對應規則，迄今為止只有下列六則：

$$CR_4 : (x)(R_4x \rightarrow (O_4x \rightarrow T_4x))$$

$$CR_5 : (x)(R_5x \rightarrow (O_5x \rightarrow T_4x))$$

$$CR_6 : (x)(R_6x \rightarrow (O_6x \rightarrow T_4x))$$

$$CR_7 : (x)(R_7x \rightarrow (O_7x \rightarrow \sim T_5x))$$

$$CR_8 : (x)(R_8x \rightarrow (O_8x \rightarrow \sim T_5x))$$

$$CR_9 : (x)(R_9x \rightarrow (O_9x \rightarrow \sim T_5x))$$

其中「R_4」、「R_5」、「R_6」、「R_7」、「R_8」、「R_9」都是可觀察且可實現的，而「O_4」、「O_5」、「O_6」、「O_7」、「O_8」、「O_9」都是可觀察的。從下面論證，可看出 Γ_2 具有說明單獨事象的功能：

歸納推論

$$\begin{cases} L_3 : p(T_5, T_4) = 0.87 \\ CR_4 : (x)(R_4x \rightarrow (O_4x \rightarrow T_4x)) \\ CR_7 : (x)(R_7x \rightarrow (O_7x \rightarrow \sim T_5x)) \\ \text{先行條件} \begin{cases} R_4a \\ O_4a \\ R_7a \end{cases} \end{cases}$$

$$\overline{\overline{\qquad\qquad\qquad\qquad}}\ [0.87]$$

$$\rightarrow \sim O_7a$$

這個論證是一個強有力的歸納論證⑲，而前提中有統計概率定律 L_3，且結論是敘述單獨事象的單稱語句。因此，這個論證是對單獨事象所做的歸納統計說明。

L_2 和 L_1 一樣，用克雷格方法重新建構成 Γ'_2 之後，會喪失原有的說明功能。其理由也大致相同：由 L_3, CR_4～CR_9 無法演繹出不含

⑲ 詳言之，這個論證可分成三個推論步驟：首先，由先行條件「R_4a」、「O_4x」及對應規則 CR_4 演繹出「T_4a」；其次，由「T_4a」及統計概率定律 L_3 歸納出「T_5a」；最後，再由「T_5a」、先行條件「R_7a」及對應規則 CR_7 演繹出「$\sim O_7a$」。其中第二步驟是歸納推論，其形式如下：

$$p(T_5, T_4) = 0.87$$

$$T_4a$$

$$\overline{\overline{\qquad\qquad\qquad\qquad}}\ [0.87]$$

$$T_5a$$

韓佩爾認為這是最基本的歸納統計說明。其中第一個前提表示在所有具有性質 T_4 的個體中，有 87% 具有性質 T_5；前提與結論之間劃雙線而非單線，表示該論證為歸納論證而非演繹論證，換言之，前提對結論只提供相當強度的支持，而非絕對的保證；雙線右邊括號內的數值表示前提對結論的支持強度。有關此論證形式，請參閱 Hempel, *Philosophy of Natural Science*, pp. 67–68; 及 "Aspects of Scientific Explanation," pp. 381–403.

「T_4」、「T_5」等理論性詞的全稱定律或統計概率定律。換言之，由 Γ_2 無法演繹出可觀察的普通定律。可見，Γ_2' 不含任何普通定律在內，因而無法用來說明任何事象。

也許有人會認為雖然由 Γ_2 無法演繹出可觀察的普通定律，但有可能可以歸納出可觀察的普通定律（尤其是統計概率定律）。然而，即使如此，也不能反駁我們上一段的論點，因為 Γ_2' 只包含由 Γ_2 演繹出的可觀察語句，並不包含由 Γ_2 歸納出的可觀察語句在內。

我們上面所舉的兩個科學理論 Γ_1 和 Γ_2 都是極簡單的虛構的例子。我們之所以捏造這些不真實的科學理論，目的是要指明：一個理論在使用克雷格方法重新建構之後，有可能不含任何普遍定律，因而喪失原有的說明功能。也許在真實的科學理論中，不會有這種情形。但我們在本節（即第八節）開頭即已指出：我們只要能夠證明新建構的理論有可能喪失說明功能，就足以指明克雷格方法的缺陷。更重要的是：儘管真實的科學理論不會因為用克雷格方法重新建構之後，就不含任何普遍定律；然而，我們所虛構的例子仍然足以顯示新建構的理論有可能喪失一些原有的普遍定律，而使得原先能夠說明的事象變成無法說明。換言之，新建構的理論雖不致喪失原理論所具有的一切說明功能，但仍會喪失其一部分說明功能。

到此為止，我們只討論科學理論對單獨事象的說明。但是，科學理論除了用來說明單獨事象之外，還可用來說明普遍定律。我們不但對單獨事象，例如：1930 年代美國的經濟蕭條，1976 年中國大陸的唐山大地震，以及 1979 年美國三哩島核能廠意外事件等等，要追問為什麼會發生，即使對大家已經接受的普遍定律，例如：波義耳及查理定律，經濟學上的供求律等等，也要追問為什麼會如此。依據涵蓋律說，若要對某一普遍定律加以說明，必須使用比待說明的定律更普遍的定律來說明，必須指明待說明的定律只是更普遍的定律的一個特例而已；換言之，必須由更普遍的定律推出待說明的定律❽。舉例言之，伽利略的自由落體定律可用牛頓的引力定律及運動定律來說明。這種說明無非在於指明伽利略的定律只是牛頓定律適用於地球表面的特例而已。牛頓定律的適用範圍遠比伽利略定律為廣。由牛頓定律我們可以推出伽利略定律（當然我們必須知道地球的半徑約 7546.8 公里）。

現在我們仍以氣體分子動力論為例子，來看看一個理論用克雷格方法重新建構之後，是否一定能夠保留原理論對普遍定律的說明功能。我們知道氣體分子動力論可用來說明許多定律，例如：波義耳及查理定律、道爾頓的部分壓力定律 (Dalton's law of partial pressures)、葛拉漢的氣體擴散定律 (Graham's law of diffusion)，以及有關氣溫與音速的定律等等。按照涵蓋律說的觀點來看，氣體分子動力論之所以能夠說明這些定律主要有兩點。第一，由氣體分子動力論可導出這些待說明的定律。第二，氣體分子動力論比這些待說明的定律普遍性更高。所謂「普遍性更高」，大致是指涵蓋的範圍更廣❽。我們又知道這些待說

---

❽ 參看 John Stuart Mill, *A System of Logic*, Book 3, Chapter 12, Section 4; Norman Campbell, *Foundations of Science*, p. 116; *What Is Science?* pp. 77–80; Karl R. Popper, *The Logic of Scientific Discovery*, p. 75; Richard Bevan Braithwaite, *Scientific Explanation*, pp. 345–346; Ernest Nagel, *The Structure of Science*, p. 37; Carl G. Hempel, "Studies in the Logic of Explanation," p. 247; "The Logic of Functional Analysis," pp. 299–300; "Aspects of Scientific Explanation," pp. 51, 70.

❽ 據筆者所知，只有納格爾 (Ernest Nagel) 對普遍性的高低提出較詳細的闡釋

明的定律都是可觀察語句，而氣體分子動力論中則含有理論性詞。現在我們的問題是：使用克雷格方法把氣體分子動力論重新建構之後，是否還能用來說明那些可觀察的普遍定律？

首先，那些可觀察語句仍能由新建構的理論導出。這一點並無問題。其次，新建構的理論也比那些待說明的定律更為普遍。因為每一個待說明的定律只涵蓋相當小的範圍，例如：波義耳及查理定律只涉及氣體的溫度、壓力及體積之間的關係，葛拉漢的氣體擴散定律只涉及氣體的擴散速度與其密度之間的關係，等等。反之，新建構的理論則包含一切可由原理論導出的可觀察定律在內，其涵蓋範圍較每一個待說明定律為廣。因此，新理論仍可用來說明每一個待說明的定律。

從上面的討論，我們可以看出：由氣體分子動力論所重新建構的理論之所以仍能用來說明波義耳及查理定律，乃是因為從氣體分子動力論可導出許多可觀察的定律，不僅波義耳及查理定律而已。假如除了波義耳及查理定律之外，無法由該新理論導出其他可觀察的定律，則該新理論的涵蓋範圍並不比波義耳及查理定律為廣，亦即前者的普遍性並未較後者為高，因而前者對後者並無說明功能。然而，在這種假設情況下，原來的氣體分子動力論的涵蓋範圍仍比波義耳及查理定律為廣，因為前者涉及氣體的分子以及分子的活動等等，這些是後者所未涉及的。因此，前者的普遍性仍較後者為高，因而對後者仍能加以說明。可見，在我們所假設的情況下，用克雷格方法重新建構的理

(explication)，請參看他的 *The Structure of Science*, pp. 37–42。筆者認為他的闡釋頗有問題，但這些細節與我們目前正在討論的問題關係不大，因此不擬在此詳述。我們現在只要知道一個定律或理論其普遍性的高低乃是其涵蓋範圍的大小即可。

論喪失了原理論的說明功能。

當然，我們上一段所設想的情況並不是真實的。事實上，可由氣體分子動力論導出的可觀察定律並不只一個。我們之所以討論這種不真實的假想情況，目的只是要提出下面的原則：

> 令 Γ 是含有理論性詞的理論，Γ′ 是用克雷格方法由 Γ 重新建構的理論，L 是可由 Γ 導出的可觀察的定律。假設除了 L 及其等值的語句之外，無法由 Γ′ 導出其他可觀察的定律，則 Γ′ 的普遍性不比 L 為高，因而無法用來說明 L，故 Γ′ 喪失了 Γ 所原有的說明功能。

此原則中所假設的情況是有可能存在的；換言之，合於這種假設情況的理論並非不可能。所以，使用克雷格方法重新建構的理論有可能喪失原理論所具有的說明功能。

或許有人會反駁上面的論證，認為我們在比較原理論 Γ 與待說明定律的涵蓋範圍時，不應該把不可觀察的項目考慮在內。如果我們只考慮可觀察的項目，而不考慮理論性詞所指涉的不可觀察的項目，則原理論 Γ 與新理論 Γ′ 的涵蓋範圍應該相同，Γ′ 所無法說明的定律 L，Γ 也照樣無法加以說明。

但是，我們認為比較涵蓋範圍的大小時，不應該忽略理論性詞所指涉的不可觀察的項目。我們如果只考慮可觀察的項目，則原理論 Γ 的涵蓋範圍與由 Γ 所導出的可觀察定律的連言 $L_1 \wedge L_2 \wedge L_3 \wedge \cdots\cdots \wedge L_n$ 的涵蓋範圍完全相同，因而按照涵蓋律說，Γ 無法用來說明 $L_1 \wedge L_2 \wedge L_3 \wedge \cdots\cdots \wedge L_n$。然而，Γ 卻可用來對 $L_1, L_2, L_3, \cdots\cdots, L_n$ 個別加以說明，因為 Γ 比任意一個 L_i $(1 \leq i \leq n)$ 的涵蓋範圍為廣。因此，我們得到一個很不合理的結論：Γ 可用來個別說明 $L_1, L_2, L_3, \cdots\cdots, L_n$，但卻無法用來說明它們的連言 $L_1 \wedge L_2 \wedge L_3 \wedge \cdots\cdots \wedge L_n$。由於接受反駁者的建議會得到這樣不合理的結果，我們必須放棄他們的建議，而把不可觀察的項目也納入涵蓋範圍之內。

反對者也許會認為我們之所以得到上述不合理的結果，不應該歸咎於他們所提出的建議，而應該歸罪於涵蓋律說本身。按照涵蓋律說，可觀察定律的連言 $L_1 \wedge L_2 \wedge L_3 \wedge \cdots\cdots \wedge L_n$ 就足以說明任意一個可觀察定律 L_i $(1 \leq i \leq n)$，因為連言因子可由連言導出，而連言的涵蓋範圍通常比個別的連言因子的涵蓋範圍為廣。但是，我們若承認連言可說明其連言因子，則每一個已驗證的定律都可輕易得到說明。我們只要把待說明的定律與任意一個已驗證的定律連成連言，就足以說明待說明的定律。這顯然是極不合理的。由於接受涵蓋律說會得到如此不合理的結論，因此我們不應接受。只要我們放棄涵蓋律說，則不會得到上一段所說的不合理結論。因為我們若放棄涵蓋律說，就不會因為 Γ 與 $L_1 \wedge L_2 \wedge L_3 \wedge \cdots\cdots \wedge L_n$ 的涵蓋範圍相同，就認為前者無法用來說明後者。

上面的反對意見雖然言之成理，卻與本小節的論點不相干。我們在本小節中並不討論涵蓋律說是否正確或可否接受。我們所討論的是：依據涵蓋律說，一個理論用克雷格方法重新建構之後，是否會喪失原有的說明功能？我們的答案是肯定的。在討論過程中，我們指出：從涵蓋律說的觀點來看，在比較涵蓋範圍時應該把不可觀察的項目也考慮在內，否則會得到不合理的結果。至於涵蓋律說與排除不可觀察項目於涵蓋範圍之外的主張，這兩者之間應該接受那一個；則不是我們所要討論的問題。

II、威廉・瑞的反涵蓋律說

我們在上一小節（即第 I 小節）討論了韓佩爾的涵蓋律說。我們曾指出：依據涵蓋律說，一個科學理論 Γ 用克雷格方法重新建構成 Γ′ 之後，有時會喪失其原有的說明功能。但是，涵蓋律說並不是有關科學說明的唯一學說。近年來，反對此說的哲學家逐漸增多。他們指出了此說的缺點，並提出不同的學說。從本小節起，我們將在這些不同的學說中，選擇較重要的加以討論。我們討論的目的不在於斷定誰是誰非，而是要追問：依據這些學說，用克雷格方法建構的新理論會不會喪失其原有的說明功能。在本小節中，我們將討論威廉・瑞 (William H. Dray) 的學說。

威廉・瑞認為歷史事件不可能重複出現，每一歷史事件都是獨一無二的，因此涵蓋律的說明模式不一定能用來說明歷史事件。有些歷史事件的說明（或簡稱為「歷史說明」）不須要用到普遍定律。普遍定律在歷史說明中，既非必要條件也非充分條件[82]。除了批評涵蓋律說之外，威廉・瑞還提出三種與涵蓋律模式不同的說明模式。現分別略述如下。

(A) 連續事象模式 (the model of the continuous series) 或事象起源說明 (genetic explanation)：威廉・瑞認為對某些事件（不管是歷史事件或其他事件）的說明不必按照涵蓋律模式，由普遍定律及先行條件導出對該事件的描述，而只須把和待說明的事象有關聯的其他事象，按其發生之先後順序，從最早的事象一直到待說明的事象，依次逐一加

---

[82] 參看 William Dray, *Laws and Explanation in History*, Chapters II–IV, pp. 22–118; *Philosophy of History*, pp. 4–10.

以敘述即可。舉例言之，我國成人棒球隊在美國洛杉磯舉行 1984 年第 23 屆夏季奧運的棒球表演賽中表現優越，得到第三名，並且僅以極微小比數輸給冠、亞軍美日兩隊。假如我們要說明我國的棒球為何會達到世界一流的水準，我們不必尋求任何普遍定律，不必使用涵蓋律的說明模式，我們只須描述當年臺東紅葉少棒隊如何在物質條件不足的情況下苦練球技，如何在無意中擊敗來臺訪問的世界少棒冠軍日本調布隊，後來金龍隊又如何取得遠東區代表權，如何在美國威廉波特意外的擊敗各區代表隊，首次取得世界冠軍，次年七虎隊如何意外的敗在南美代表隊尼加拉瓜的手下，再下一年又如何取回冠軍頭銜，臺灣各地區的少棒隊如何互相挖角爭取代表權，我國的青少棒、青棒隊如何隨著當年少棒選手的成長而漸次增強實力，並如何參加世界比賽取得冠軍，等等。我們只要把這類有關事件（上面所列舉的只是其中一部分，實際上相關的事件遠比這些複雜），按其發生的先後順序，逐一詳加敘述，就足以說明我國的成棒何以會有優越的表現❽❸。這種說明模式，因為追溯到待說明事象的起源而且把相關的事象依次加以描述，因此叫做「事象起源說明」或「連續事象模式」❽❹。

⑵ 概念說明模式 (explanation by concepts)：威廉 · 瑞認為有些說

---

❽❸ 威廉 · 瑞所舉的例子是如何用這種模式說明汽車引擎為何不能發動。參看他的 *Laws and Explanation in History*, pp. 66–68. 韓佩爾在討論此種說明模式時所舉的例子是赦免的起源及演變。參看他的 “Aspects of Scientific Explanation,” pp. 447–448. 我們用大家熟悉的少棒的例子來取代，以加強對此種說明模式的瞭解。

❽❹ 有關此模式的詳細討論，請參看 William Dray, *Laws and Explanation in History*, Chapter III, Section 3, pp. 66–72.

明不必使用普遍定律而只須使用普遍概念 (general concept) 即可。普遍概念可以把一些孤立的、看起來不相干的事象統合起來，使我們對這些事象有所瞭解。舉例言之，臺灣地區近二十幾年來所發生的一些現象，諸如：農地的縮小、都市人口的增加、農業人口的流散、小型工廠的紛紛建立、貿易公司的增多、公寓樓房的大量增建、私用轎車的急速膨脹、小家庭的形成，等等，都可以看做是由農業社會轉向工商社會的現象。我們若用「工業化」這一概念來統合這些現象，不但可以幫助我們對這些現象的瞭解，看出這些現象互相間的關聯，甚至還可以幫助我們對未來的現象做粗略的預測[85]。威廉·瑞認為這也是一種很有用的說明模式。這種模式並不是要說明某一事象為何會發生 (explaining why)，而是要說明那是一種什麼樣子的事象或那一類事象 (explaining what)[86]。

(C)「如何可能」的說明模式 (explaining how possible)：威廉·瑞認為有些說明並不是要說明某一事象何以必然會發生 (explaining why-necessarily)，而是要說明某一事象如何可能發生 (explaining how-possibly)。某些事象之發生會令我們驚奇，因為依據我們已有的知識以及相關的情報來判斷，該事象是極不可能發生的。現在，我們認為極不可能發生的事象居然發生了。我們會問：「這如何可能？」或「怎

[85] 威廉·瑞所舉的例子是英國十八世紀後期的一些社會變遷。請參看 William Dray, "'Explaining What' in History," pp. 403–408. 我們仍然以國人比較熟悉的例子來取代。

[86] 有關此種說明模式，除了 William Dray, "'Explaining What' in History" 之外，請參看 William Dray, *Philosophy of History*, pp. 19–20; W. H. Walsh, *Philosophy of History: An Introduction*, pp. 59–63.

麼可能發生這種事？」要回答這樣的問題，我們不必說明該事象為什麼會發生，我們只須說明該事象有可能發生即可。這種說明不必由普遍定律及先行條件導出待說明事象的描述，而只須指出我們當初之所以會驚奇，會認為不可能，乃是由於我們當時的知識或情報不正確或不充足。舉例言之，廣播電臺播報員在現場轉播棒球賽實況時告訴聽眾說：「打擊者擊出一支中外野高飛球，已經飛到紀錄臺上空，中外野手跑過去，接殺了。」聽眾一定覺得很奇怪，中外野手怎麼可能接到已飛到紀錄臺上空的高飛球。後來播報員補充說明：原來有階梯從球場直通紀錄臺，中外野手是以飛快的速度跑上階梯把球接到的。經過這樣的說明，聽眾就不再疑惑了，原來認為不可能的事，現在認為有此可能。這種說明是對「如何可能」所做的回答，它只要說服聽眾：待說明的事象不是不可能發生的。它不是要說服聽眾：待說明的事象一定會發生。因此，它不須詳述階梯的高度，高飛球的速度，以及中外野手的跑速等等細節。威廉．瑞認為這種「如何可能」的說明雖然可詳細擴充成為「如何會發生」的說明，但前者絕非後者的不完全形式。兩者是對不同的問題所做的回答。因問題不同，所要求的說明自然也就不一樣[87]。

以上我們簡略的介紹了威廉．瑞所提出的三種與涵蓋律模式不同的說明模式。他一再強調對事象所做的說明不一定要用到普遍定律。許多哲學家不同意他的看法。韓佩爾和納格爾曾詳細分析威廉．瑞所提出的三種說明模式，認為它們仍需以普遍定律做為說明的基礎，它

[87] 有關「如何可能」的說明模式，請參看 William Dray, *Laws and Explanation in History*, pp. 156–169; *Philosophy of History*, pp. 18–19; 以及 “Explantory Narrative in History.”

們雖然沒有明白列出普遍定律但仍然預設普遍定律的存在，否則不可能有任何說明功能[88]。但是這些爭論不是我們討論的重點。我們所要討論的是：在這三種說明模式中，克雷格方法能否發揮作用？換言之，我們能否用克雷格方法消除一個理論中的理論性詞，而仍然保留這三種模式的說明功能？

我們從兩方面來討論這個問題。首先，我們假定韓佩爾和納格爾的分析是正確的，威廉．瑞所提出的三種說明模式必須預設某些沒有明白列出的普遍定律。在這樣的假設之下一個理論用克雷格方法重新建構之後，有可能喪失那三種模式的說明功能。因為新建構的理論有可能不含任何普遍定律或喪失那三種模式的說明所預設的普遍定律，使得原先可以說明的事象變成無法說明。這種情況和我們在上一小節（第I小節）所指明的情況完全相同，不再贅述。特別值得一提的是：在概念說明模式中，一個理論更容易因為使用克雷格方法重新建構而喪失其原有的說明功能。因為概念說明中所使用的概念以抽象概念或理論性概念居多。這種概念不會出現於新建構的理論之中。

其次，我們假定韓佩爾和納格爾的分析是錯誤的，那三種說明模式並不須要使用或預設任何普遍定律，在這種假設下，那三種模式的說明根本不必用到任何理論；因此，不管理論如何改變，甚至完全放棄，都與那三種模式的說明功能毫不相干。任何理論都不會具有那三

---

[88] 參看 Carl G. Hempel, "Aspects of Scientific Explanation," pp. 428–430, 447–457; 及 Ernest Nagel, *The Structure of Science*, pp. 564–575. 此外，Nigel Walker 也曾指出「如何可能」的說明模式需要用到普遍定律，並強調這種說明模式在行為科學中（尤其是說明意外行為時）的重要性。請看他的 *Behaviour and Misbehaviour: Explanations and Non-explanations*, pp. 10–17.

種模式的說明功能。因此，用克雷格方法重新建構之後是否仍然保有那三種模式的說明功能的問題並不存在。克雷格方法在那三種說明模式中派不上用場。

III、佛利德曼及基契爾的統合功能說

我們在上一小節（第 II 小節）所討論的威廉·瑞的反涵蓋律說主張有些說明不須用到普遍定律，因而韓佩爾所列出的切當的科學說明的四個條件並不是必要條件。另外有許多科學哲學家則認為韓佩爾所列的四個條件並不充分，涵蓋律說遺漏了科學說明中極重要的要素。坎培爾 (Norman Campbell) 曾說：「僅僅指出一切氣體遇熱都會膨脹，不足以說明氫氣遇熱為何會膨脹，它只會引導我們進一步追問為何一切氣體遇熱都會膨脹。一個說明如果僅僅會引導我們進一步追問同類問題，則根本不成其為說明。」[89]我們在第 I 小節倒數第二段 (p. 162) 也曾指出涵蓋律說會導致一個極不合理的結果：定律的連言 $L_1 \wedge L_2 \wedge L_3 \wedge \cdots\cdots \wedge L_n$ 可用來說明其中任意一個定律 L_i ($1 \leq i \leq n$)。很明顯的，韓佩爾所列出的四個條件不足以構成切當說明的充分條件[90]。然則，韓佩爾所遺漏的是什麼呢？我們必須追加什麼樣的條件呢？

---

[89] 參看 Norman Campbell, *What Is Science?* p. 80.

[90] 韓佩爾也知道涵蓋律說的缺點，並承認他自己未能提出解決的方法。他曾指出：由凱卜勒定律 (Kepler's laws) 與波義耳定律合併起來的連言導出凱卜勒定律，不能看做是對凱卜勒定律的說明；但由牛頓的運動定律及引力定律導出凱卜勒定律卻可看做是對凱卜勒的說明。至於其中區別何在，韓佩爾承認尚未能建立明確的標準。參看 Carl G. Hempel, "Studies in the Logic of Explanation," p. 273, footnote 33.

對此問題有許多不同的回答。在本小節中，我們將討論佛利德曼 (Michael Friedman) 及基契爾 (Philip Kitcher) 的統合力說 (unifying power theory of explanation)。這種學說主張科學說明必須具有統合力。至於如何才會有統合力，則兩人的見解並不相同。茲先討論佛利德曼的學說[91]。

佛利德曼主張科學說明的目的是要增進我們對待說明事件的瞭解，因此有關科學說明的學說必須能夠指明科學說明如何增進科學瞭解。他認為以往的學說都未能達成這項任務。他特別指出熟悉 (familiar) 或預期 (expected) 都不同於瞭解 (understanding)。因此，把科學說明看做是「用我們熟悉的事象來解說我們不熟悉的事象」，或者把科學說明看做是「指明待說明事象是合於自然律的，應該是可以預期的」，都沒有把握到科學說明的要素。按照佛利德曼的看法，科學說明之所以會增進科學瞭解，乃是因為科學說明使得互相獨立的事象減少。這一點必須用實例來解說較易明瞭。以氣體分子動力論為例，如果這個理論的唯一功能只是用來導出波義耳及查理定律，那麼它實在沒有幫助我們瞭解任何東西，它只是以該理論中的一些定律來取代波義耳及查理定律而已。氣體分子動力論之所以會增進我們的瞭解，乃是因為它具有統合的功能。從該理論，我們不但可以導出波義耳及查理定律，而且還可導出其他許多定律，諸如：道爾頓的部分壓力定律、葛拉漢的氣體擴散定律等等。另外從分子動力論中所使用的力學定律又可導出凱卜勒定律、伽利略定律等等。除此之外，分子動力論中所假設的分子結構的理論又可與原子理論合併使用，來說明化合作用

---

[91] 佛利德曼的學說，請看他的兩篇論文 “Explanation and Scientific Understanding” 及 “Theoretical Explanation”。

(chemical bonding)、熱傳導、電傳導、核能、基因遺傳等現象。可見，使用理論的結果，可以減少無法說明且互相獨立的事象。佛利德曼認為這點才是科學瞭解的關鍵所在。因為世界上互相獨立而不相干的事象越多，則越不易掌握，因而也越難瞭解。科學理論用少數的定律或事象來說明原先看起來似乎不相干的眾多事象，使得互相獨立且無法再加以說明的事象盡量減少，如此，就增進了我們對世界的瞭解。因此，佛利德曼認為科學理論的這種統合功能就是它的說明功能。

現在佛利德曼的問題是：如何計算定律或事象的個數？我們可以把波義耳及查理定律、道爾頓的部分壓力定律、葛拉漢的氣體擴散定律、凱卜勒定律、伽利略定律、以及有關化合作用、熱電傳導、核能、基因遺傳等現象的定律全部用連言號加以串連，成為一個很長的連言句 (conjunction)。這個語句能不能算做一個定律？它所描述的事象有幾個？我們如果把整個長句算做一個極複雜的定律，而且把它所描述的事象算做一個極複雜的事象，則使用氣體分子動力論、牛頓力學等理論來說明上述定律，並未發揮統合的功能。因為待說明的定律原本只有一個，待說明的事象也只有一個，使用科學理論加以說明，並未減少無法說明且互相獨立的事象。因而也未增進我們對世界的瞭解。當然佛利德曼的意思，絕對不是要把這些定律所連成的連言算做一個定律或描述一個複雜的事象。他一定想要把 n 個定律所連成的連言算做 n 個定律。不僅如此，若有一個語句，雖然不是 n 個定律的連言，但它與 n 個定律在邏輯上等值，則這個語句也要算做含有 n 個定律，不能當做一個定律看待。為了要明確規定計算定律個數的方法，佛利德曼發展出下列一套觀念：

可被獨立接受 (independent acceptability)：

一個語句 S_1，可不必依賴 S_2 而被獨立接受，當且只當足以令人接受 S_1 的理由或證據並不足以令人接受 S_2。（例如：使我們接受波義耳及查理定律的證據並不足以支持上面所提到的眾多定律之連言。因此，前者可不必依賴後者而被獨立接受。）[92]

分割 (partition)：

Γ 是語句 S 的一個分割當且只當 Γ 為語句集合，其中每一語句 S′ 都可不依賴 S 而被獨立接受，而且 Γ 與 S 在邏輯上等值。（例如：眾定律所構成的集合 $\{L_1, L_2, L_3, \cdots\cdots, L_n\}$ 就是眾定律所連成之連言 $(L_1 \wedge L_2 \wedge L_3 \wedge \cdots\cdots \wedge L_n)$ 的分割。）

K 單句 (K-atomic)：

一個語句 S 是 K 單句當且只當 S 沒有分割。（例如：上述眾定律之連言 $(L_1 \wedge L_2 \wedge L_3 \wedge \cdots\cdots \wedge L_n)$ 就不是 K 單句。）

K 分割 (K-partition)：

Γ 是語句集合△的 K 分割當且只當 Γ 是 K 單句之集合且 Γ 與△在邏輯上等值。（佛利德曼認定每一語句集合△都會有這樣的 K 分割 Γ。）

K 基數 (K-cardinality)：

一個語句集合△之 K 基數乃是△的一切 K 分割當中（請注意：△的 K 分割不只一個），所含語句最少的一個 K 分割（請記得：一個 K 分割乃是語句的集合）所含的語句個數。此定義可用符號式表示如下：

---

[92] 其實，按照他的定義，波義耳及查理定律也不必依賴氣體分子動力論而被獨立接受。因為足以令人接受前者的證據並不足以令人接受後者。

K-card(△)=inf{card(Γ): Γ 是△的一個 K 分割}（例如：{L_1, L_2, L_3, ……, L_n} 或 ($L_1 \wedge L_2 \wedge L_3 \wedge \cdots\cdots \wedge L_n$) 的 K 基數皆為 n)。

化約 (reduction)：

一個語句 S 可以化約一語句集合△當且僅當 K-card(△∪{S})<K-card(△)。

（例如：($L_1 \wedge L_2 \wedge L_3 \wedge \cdots\cdots \wedge L_n$) 就不能化約 {$L_1$, L_2, L_3, ……, L_n}）

可被獨立接受的結論集合 (the set of independently acceptable consequence)：

S_1 是 S 之可被獨立接受的結論當且只當 S_1 可由 S 演繹導出而且 S_1 可不依賴 S 而被獨立接受。以 $Con_k(S)$ 表示 S 之可被獨立接受的結論集合，則 $Con_k(S)$ 之定義可用符號式表示如下：

$Con_k(S) = \{S_1 : (S \vdash S_1) \wedge$ (S_1 可不依賴 S 而被獨立接受)}

（例如：伽利略定律是牛頓定律之可被獨立接受的結論。）

佛利德曼在定義了這些觀念之後，接著就使用這些觀念來為「說明」一詞下定義：

(D1) S_1 說明 S_2 當且只當 $S_2 \in Con_k(S_1)$ 且 S_1 化約 $Con_k(S_1)$。

（例如：牛頓定律之連言能夠說明伽利略的自由落體定律，因為後者可由前者演繹導出且前者化約了它自己的可被獨立接受的結論集合[93]。反之，波義耳及查理定律和葛

[93] 我們在此只是重述佛利德曼自己所舉的例子而已。請看 Friedman, "Explanation and Scientific Understanding," p. 17. 實際上，按照 (D1)，牛頓定律的連言並不能說明伽利略定律。基契爾 (Philip Kitcher) 曾證明：按照

拉漢定律的連言卻不能說明波義耳及查理定律，因為雖然後者可由前者（即該連言）演繹導出，但該連言卻無法化約它自己的可被獨立接受的結論集合。）

但他隨即指出上面的 (D1) 要求太嚴，把「說明」的範圍限得太狹。按照 (D1)，一個原本能夠說明 S_2 的 S_1，若與另一可獨立接受的定律 S_3 連成連言 $(S_1 \& S_3)$，則因為 $(S_1 \& S_3)$ 不能化約 $Con_k(S_1 \& S_3)$，故 $(S_1 \& S_3)$ 不能說明 S_2。這是很不合理的限制。一個妥當的科學說明，沒有理由因為加上一個不相干的定律之後就喪失其說明功能。因此，佛利德曼把 (D1) 修改成要求較鬆的定義如下：

(D1′) S_1 說明 S_2 當且只當 S_1 有一分割 Γ 且 Γ 中有一元素 $S_i \in \Gamma$ 滿足下列條件：$S_2 \in Con_k(S_i)$ 且 S_i 化約 $Con_k(S_i)$。

佛利德曼認為 (D1′) 避免了 (D1) 要求太嚴的缺點。我們仍以剛才所討論的 S_1, S_2 及 S_3 為例子。因為 $\{S_1, S_3\}$ 是 $(S_1 \& S_3)$ 的一個分割，且 S_1 化約 $Con_k(S_1)$，故 $(S_1 \& S_3)$ 仍能說明 S_2[94]。

(D1)，除了 K 單句之外，任何語句都無法說明任何待說明項。牛頓定律的連言顯然不是 K 單句，因此無法說明伽利略定律。基契爾的證明細節請看 Philip Kitcher, "Explanation, Conjunction, and Unification," p. 209. 我們不擬在此詳述。

[94] 我們在此也只是重述佛利德曼的看法而已。請看 Friedman, "Explanation and Scientific Understanding," pp. 17–18. 事實上，(D1′) 仍有問題。基契爾曾證明：按照 (D1′)，沒有任何 K 單句能夠做任何說明。他並揣測佛利德曼的原意，認為下面的定義較符合佛利德曼的原意：

(D1″) S_1 說明 S_2 當且只當

(i) $S_2 \in Con_k(S_1)$ 且 S_1 化約 $Con_k(S_1)$；

我們現在所要討論的是：按照佛利德曼對「說明」所下的定義，一個理論 Γ 用克雷格方法改建成 Γ′ 之後，是否一定能夠保留原有的說明功能？我們的答案是否定的。下面我們將指明：在某些情況下，Γ′ 會喪失 Γ 所原有的說明功能。

令 Γ 為牛頓力學、氣體分子動力論、原子理論以及其他基本理論中所含定律之連言[95]，Γ′ 是用克雷格方法由 Γ 改建而成的理論[96]。我們認定波義耳及查理定律、道爾頓部分壓力定律、葛拉漢擴散定律、凱卜勒定律、伽利略定律、以及有關化合作用、熱電傳導、核能、基因遺傳的定律等等，都可不依賴 Γ 而被獨立接受。很明顯的，Con_k (Γ) 包含上面所列的一切定律在內，而且 $Con_k(\Gamma)$ 與 $Con_k(\Gamma) \cup \Gamma$ 在邏輯上等值。現在，讓我們假定 Γ 中的每一個連言因子 (conjunct) 都是 K 單句。如此，則 Γ 中所有連言因子所組成的集合乃是 $Con_k(\Gamma) \cup \Gamma$ 的一個 K 分割。因此，$Con_k(\Gamma) \cup \Gamma$ 的 K 基數，亦即 K-card(Con_k

或(ii) S_1 有一分割 Γ 且 Γ 中有一元素 $Si \in \Gamma$ 滿足下列條件：$S_2 \in Con_k(Si)$ 且 Si 化約 $Con_k(Si)$。

但是，(D1″) 只是基契爾揣測佛利德曼的原意而寫出的定義。基契爾本人並不接受這個定義。他曾證明：不管 (D1′) 或 (D1″) 都無法避免他所指出的 (D1) 的缺點，即除了 K 單句之外，任何語句都無法做任何說明。證明細節請看 Kitcher, “Explanation, Conjunction, and Unification,” pp. 211–212.

[95] 我們之所以把一切基本理論中的定律都加以考慮，而不僅僅個別的考慮牛頓力學或氣體分子動力論等單獨的理論，乃是因為佛利德曼所強調的是對科學的全盤瞭解 (global understanding) 而不是局部瞭解 (local understanding)。請看 Friedman, “Explanation and Scientific Understanding,” pp. 18–19.

[96] 為了討論方便，我們假定 Γ 可以公設化，因而可由克雷格方法改建成 Γ′。

$(\Gamma) \cup \Gamma)$，不會大於 Γ 中所含連言因子的數目。

我們再認定波義耳及查理定律、道爾頓定律、葛拉漢定律、凱卜勒定律等等皆為 K 單句⑰。並假定 $Con_k(\Gamma)$ 中所含的元素都可由這些定律演繹導出⑱。如此，則這些定律所組成的集合乃是 $Con_k(\Gamma)$ 的一個分割。其實，我們很難再想像 $Con_k(\Gamma)$ 會有其他的分割方法。假如

---

⑰ 我們這樣認定，乃是依據佛利德曼的看法。事實上，這些定律是否為 K 單句，頗有問題。加州大學柏克萊校區哲學教授 Charles S. Chihara 在與筆者討論佛利德曼的學說時曾提出下面的論證來指明波義耳及查理定律並非 K 單句：令 BC 表波義耳及查理定律。我們知道 BC 可適用於一切理想氣體。我們可以把理想氣體分成兩部分：一部分是含有氧氣的氣體，另一部分是不含氧氣的氣體。BC 可適用於這兩部分的氣體。當 BC 適用於第一部分時，我們稱之為「BC_1」，而當其適用於第二部分時，我們稱之為「BC_2」。詳言之，BC_1 是說一切含有氧氣的理想氣體合於 BC，而 BC_2 是說一切不含氧氣的理想氣體合於 BC。很明顯的，BC_1 及 BC_2 都不必依賴 BC 而可被獨立接受，而且 $\{BC_1, BC_2\}$ 與 BC 在邏輯上等值。所以 $\{BC_1, BC_2\}$ 是 BC 的一個分割，因而 BC 不是 K 單句。

順著 Chihara 教授的論證模式，我們可以證明任何定律都不是 K 單句。可見，「K 單句」的定義並不恰當。事實上，佛利德曼所定義的這一套觀念無法妥切的用來闡釋他心中的「說明」觀念。然而，我們並不討論佛利德曼學說的缺點。我們在本小節中所要指明的是：即使佛利德曼的學說完全正確，即使本文註⑬、⑭及本註（即註⑰）中所說的缺點可以避免，用克雷格方法所建構的理論 Γ′ 仍有可能喪失其原理論 Γ 所具有的說明功能。

⑱ 這個假設與 Γ 中的每一連言因子皆為 K 單句的假設並未互相衝突。因為有可能這些定律所組成的集合之任意部分集合都不會與 Γ 中的任一連言因子（亦即基本理論中的任意一個定律）在邏輯上等值，然而這些定律所組成的集合卻有可能與 Γ 本身（亦即一切基本理論中所有定律）在邏輯上等值。

這些定律所組成的集合只 $Con_k(\Gamma)$ 的唯一分割，則這些定律的個數就是 $Con_k(\Gamma)$ 的 K 基數，亦即 K-card($Con_k(\Gamma)$)。因為這些定律的個數不大可能少於 Γ 的連言因子的個數（亦即基本理論之定律的個數），因此，K-card($Con_k(\Gamma)$) 不大可能小於 Γ 的連言因子之個數。即使 $Con_k(\Gamma)$ 可能有其他不同的分割，這個分割所含元素之個數也極不可能等於或少於 Γ 的連言因子的個數。因此，下面式子極可能為真：

(1) $\text{K-card}(Con_k(\Gamma) \cup \Gamma) < \text{K-card}(Con_k(\Gamma))$

另一方面，下面式子也有可能為真：

(2) $\text{K-card}(Con_k(\Gamma') \cup \Gamma') \nless \text{K-card}(Con_k(\Gamma'))$

其理由如下：

因為 Γ′ 蘊涵 (implies) 可由 Γ 演繹導出之一切可觀察的結論，而且 $Con_k(\Gamma')$ 含有 Γ′ 之一切可獨立接受的結論，故 $Con_k(\Gamma')$ 含有 Γ 之一切可獨立接受的可觀察結論。Γ′ 的每一個元素有可能都可不依賴 Γ 而被獨立接受。在此情況下，$Con_k(\Gamma') \cup \Gamma'$ 和 $Con_k(\Gamma')$ 有相同的 K 分割，因而有相同的 K 基數，亦即：$\text{K-card}(Con_k(\Gamma') \cup \Gamma') = \text{K-card}(Con_k(\Gamma'))$。可見，(2)有可能為真。

從(1)和(2)，我們可得到一個結論，即：Γ 可化約 $Con_k(\Gamma)$，但 Γ′ 不會化約 $Con_k(\Gamma')$；因而，Γ 能夠說明 Γ 之可獨立接受的可觀察結論，諸如波義耳及查理定律、凱卜勒定律等等，但 Γ′ 則無法說明這些定律。可見，在某些情況下（亦即在我們所認定或假設的情況下）Γ′ 會喪失 Γ 所原有的說明功能。

以上我們討論了佛利德曼的統合功能說。下面我們將討論基契爾的統合功能說。

基契爾贊同佛利德曼對科學說明的基本觀點。佛利德曼要求有關科學說明的學說必須能夠指明科學說明如何增進科學瞭解；他並主張科學說明之所以能夠增進瞭解，乃是因為科學說明具有統合的功能。基契爾一再贊揚佛利德曼為科學說明指出了一條正確的研究方向[99]。然而，基契爾認為佛利德曼對統合功能的闡釋並不正確：不但在處理細節問題上有技術上的錯誤[100]，而更基本的錯誤是以定律的個數來計算事象個數的多寡。基契爾指出：我們若把一切使用牛頓力學原理所做的說明加以審查，我們將會發現在說明項中使用到的定律個數的總和不一定少於待說明定律個數的總和[101]。

按照基契爾的說法，科學說明的統合功能不在於說明項中的定律個數較待說明的定律個數為少，而在於少數定律在說明項中的重複出現。我們仍以牛頓力學為例。牛頓力學原理可用來說明許多定律。雖然在說明項中不僅用到牛頓力學定律，還要用到其他的補助定律，而

[99] 基契爾認為統合功能說的基本想法早已隱含於韓佩爾、費格 (Herbert Feigl) 等主張涵蓋律說的哲學家的論著之中，可惜反對者及支持者都集中注意力於涵蓋律模式，而忽略了統合功能，因而韓佩爾等人也未對統合功能的觀念加以發揮。佛利德曼是企圖對此觀念加以發揮並做進一步分析的第一人。

參看 Philip Kitcher, "Explanation, Conjunction, and Unification," pp. 208, 212; "Explanatory Unification," pp. 507–509, 529–530.

[100] 請看本文註[93]及[94]。

[101] 參看 Kitcher, "Explanation, Conjunction, and Unification," p. 212. 筆者認為基契爾對佛利德曼的學說多少有些誤解。佛利德曼一再強調科學瞭解是全盤性的而不是局部性的（請參看本文註[95]）。因此，當我們比較說明項中的定律個數與待說明定律個數的多寡時，不應只考慮使用牛頓力學原理的說明，而應該把一切對定律所做的科學說明全部加以考慮。

且如上所說，牛頓定律和這些補助定律的個數總和不一定少於待說明之定律個數的總和。但這些說明仍然具有統合功能，因為這些說明都使用了牛頓定律。這些少數的定律一而再，再而三的重複出現於說明項中，發揮了統合功能，把眾多表面上看起來不太相干的事象或定律加以聯繫，變成有系統的知識[102]。

基契爾對佛利德曼的批評是否中肯，他自己的學說是否正確，我們不擬在此討論。我們所要討論的是：按照基契爾的統合功能說，一個理論 Γ 用克雷格方法改建成 Γ' 之後是否一定能夠保留其原有的統合功能？很明顯的，我們的答案是否定的。現略述其理由如下。

設 Γ 為一科學理論，$\triangle$是由 Γ 所導出的定律之集合。Γ 中有一些基本定律是導出$\triangle$時所一再重複使用的。我們以 Γ_1 表示這些基本定律之集合，以 Γ_2 表示 Γ 中其他定律之集合，並以$\triangle_0$表示$\triangle$中的所有可觀察語句之集合。假定 Γ_1 所涉及的個體及性質全都是不可觀察的，因而 Γ_1 中的定律全都是理論性定律。我們使用克雷格方法把 $\Gamma = \Gamma_1 \cup \Gamma_2$ 改建成 Γ' 之後，Γ_1 就不再出現於 Γ' 之中。雖然$\triangle_0$中的每一個定律都可由 Γ' 導出，但 Γ' 中不一定會有一些定律是導出$\triangle_0$中的定律時所一再使用的。因此，按照基契爾的統合功能說，Γ' 有可能喪失 Γ 所原有的統合功能，因而喪失 Γ 原有的說明功能。

IV、庫濟的結構說明論或微化約論

科學說明有許多種不同的型態，其中有一種叫做「結構說明」(structural explanation) 的，特別與科學的統合功能密切相關。大部分東

[102] 參看 Kitcher, "Explanation, Conjunction, and Unification," p. 212.

西是由許多較小的東西所構成的。例如：社會是由許多個人所構成的；一個人是由許多細胞所構成的；而細胞則是由許多分子所構成的。這些東西與其較小的構成分子之間的關係叫做「整體與部分之間的關係」(whole-part relation)，整體的性質與活動有時可用其內部結構，亦即其部分與部分之間的關係來說明。這種說明就是結構說明。因為結構說明能夠把有關整體的理論化約成有關其部分的理論，因此又叫做「微化約」(microreduction)。科學家相信一切物體是由少數幾種基本微粒所構成的。因此，一再使用結構說明，可能把眾多科學理論化約成極少數基本理論，因而達成統合的功能。

據筆者所知，在目前的科學哲學家中，對結構說明或微化約的說明模式分析最透徹、討論最深入的，要首推勞勃．庫濟 (Robert L. Causey)。以下就根據他的有關論著，對此種說明模式做簡略的介紹[103]。

科學理論所使用的語言：一個科學理論通常都有一定的適用範圍，而科學理論所使用的語言必須涉及該適用範圍之內的個體。因此，科學理論所使用的語言，除了集合論及數學的符號之外，還須包含描述這些個體之種類及屬性的述詞及函數符號，庫濟用 L 來表示這些述詞及函數符號所組成的集合。L 中的詞或符號可分成兩類：一類是該理論適用範圍內個體之種類的名稱，例如：化學理論中的分子或原子的種類的名稱「汞」、「鈉」、「氧」等等，以及生物學理論中的「細胞」、「基因」等等。這一類詞叫做「物述詞」(thing-predicate)。另一類是

[103] 參看 Robert L. Causey, "Attribute-Identities in Microreductions," "Uniform Microreductions," "Identities and Reduction: A Reply," *Unity of Science*, "Reduction and Ontological Unification: Reply to McCauley."

屬性（包括性質、關係、及數量在內）的名稱，例如：化學理論中的「原子價」、「原子量」、「可溶性」、「燃點」等等。這一類詞叫做「屬性述詞」(attribute-predicate)。庫濟以 T 來表示物述詞所組成的集合，以 A 表示屬性述詞所組成的集合。因此，$L = T \cup A$ [104]。

科學理論的結構：一個科學理論 Γ 包括基本定律、等同語句，以及導出定律。在一個理論中，我們無法對其基本定律加以說明。要對某一理論的基本定律做科學說明，必須使用其他理論中的定律。我們以 F 表示 Γ 中一切基本定律所組成之集合。等同語句 (identity-sentence) 又可分成兩類。一類告訴我們某兩種東西是相同的，這類等同語句叫做「物等同句」(thing-identity)。例如：「二氫化氧 (H_2O) 就是水」是一個物等同句，它告訴我們 H_2O 和水這兩種東西其實是相同的。另一類等同語句告訴我們某兩種屬性是相同的，這類語句叫做「屬性等同句」(attribute-identity)。例如：「氣體的熱是氣體分子的動能」是一個屬性等同句，它告訴我們熱與動能這兩種屬性是相同的。我們以 I 表示 Γ 中一切等同語句所組成的集合。等同語句是無須加以說明的，同時也無法加以說明；不但在 Γ 中無法加以說明，即使在別的理

---

[104] 庫濟用 L 表示述詞及函數符號的集合，但 T 和 A 卻只用來表示述詞，並未包含函數符號在內。因此，嚴格的說，L 不會等同於 T 和 A 的聯集 ($T \cup A$)。但是，這並不是很嚴重的疏忽，因為函數符號可用述詞來定義，我們不妨把 L 中的函數符號刪除，只留下述詞當做基本符號，然後用述詞來定義函數符號。筆者在〈確定描述詞與運算符號〉一文 §I.4 中曾指出如何使用述詞及邏輯上的確定描述號 ($\iota\alpha$) 來定義運算符號或函數符號。該文原刊登於《國立臺灣大學文史哲學報》第 22 期（民國 62 年 6 月），現收入拙著《白馬非馬》（三民文庫）之中。

論中也無法加以說明。導出定律則是基本定律及等同語句所導出的定律。我們以 D 表示 Γ 中一切導出定律所組成的集合。D 中的每一個定律都可用 F∪I 來說明，亦即可由 F∪I 導出。

微化約的結構：設 Γ_1 和 Γ_2 為兩個科學理論，它們所使用的語言分別為 $L_1 = T_1 \cup A_1$ 和 $L_2 = T_2 \cup A_2$，而它們的適用範圍內之個體的集合分別為 Dom_1 和 Dom_2。再假設由 Γ_2 的觀點來看，Dom_2 中的個體是不能分解的；換言之，從 Γ_2 中的定律無法導出任何 Dom_2 中的個體是由 Dom_2 中的其他個體所構成的。舉例言之，在波義耳及查理的氣體理論中，導不出氣體是由分子所構成的。反之，從 Γ_1 的觀點來看，Dom_1 中的個體卻分成兩種：一種是不能分解的基本元素，另一種是由基本元素所合成的複合元素。舉例言之，在氣體分子動力論中，分子是基本元素，氣體則是這些基本元素所構成的，故為複合元素。以 Bas_1 表基本元素之集合，以 $Comp_1$ 表複合元素之集合，則 $Dom_1 = Bas_1 \cup Comp_1$。在此情況下，我們就有可能把 Γ_2 微化約成 Γ_1。粗略言之，這種微化約主要是在指明 Dom_2 中的每一類個體都會等同於 Dom_1 中的某一類個體。

為了要使 Γ_2 能夠被微化約成 Γ_1，Γ_1 必須滿足下面的條件：(i) Γ_1 中的基本定律 F_1 必須都是有關 Bas_1 的定律，而只有導出定律 D_1 才涉及 $Comp_1$。例如：有關分子活動的定律是氣體分子動力論的基本定律，而有關氣體之擴散、溫度、壓力等之定律則是導出定律。(ii) L_1 中述詞之外延 (extension) 必須是 Bas_1 之部分集合 (subset) 或是 Bas_1 之元素之有序串 (ordered sequences) 的集合 （亦即 $\{\langle \alpha_1, \alpha_2, \cdots\cdots, \alpha_n \rangle : \alpha_1 \in$

$Bas_1 \wedge \alpha_2 \in Bas_1 \wedge \cdots\cdots \wedge \alpha_n \in Bas_1\}$)。例如：若 Γ_1 是原子理論，則 Bas_1 為原子之集合，而 T_1 中的述詞為某類原子之名稱（如氫原子），A_1 中的述詞為原子之屬性（如原子量）。(iii) $Comp_1$ 中某一種類之個體的名稱以及個體之屬性的名稱必須能夠在 L_1 加以定義。這種定義通常會描述複合元素是由那些基本元素如何組合而成的。這樣的描述叫做「結構描述」(structural description)。例如：在原子理論中，原子是基本元素，分子為複合元素；因此，某一類分子名稱（如「水分子」）必須能夠用原子的名稱（如「氫原子」及「氧原子」）加以定義（「二氫化氧」），而且在定義中尚須描述這些原子如何組合而成分子。

現在假設 Γ_1 和 Γ_2 之間具有如下所述的關係：T_2 中的每一個述詞都可用等同語句將其與 L_1 中所定義的物述詞發生關聯；同樣的，A_2 中的每一個述詞也都可用等同語句將其與 L_1 中所定義的屬性述詞發生關聯。我們以 B 來表示這些等同語句。再假設 F_2 中的每一定律都可由 $F_1 \cup B$ 導出。如此，則 Γ_2 可微化約成 Γ_1；換言之，Γ_1 為 Γ_2 做了結構說明。

以上我們簡略的介紹了庫濟的結構說明論或微化約論。現在我們要指明：一個科學理論經過克雷格方法重新建構之後，有可能會喪失其原有的結構說明或微化約的功能。

設 Γ_1 和 Γ_2 為兩個科學理論，其中 Γ_2 可微化約成 Γ_1，換言之，Γ_2 可用 Γ_1 來做結構說明。又假設 Bas_1 中的一切個體及其屬性都是不可觀察的，而 Bas_2 中的一切個體及其屬性都是可觀察的；因而，L_1 中的物述詞及屬性述詞（亦即 T_1 和 A_1 中的述詞）都是理論性詞，而 L_2 中的物述詞及屬性述詞（亦即 T_2 及 A_2 中的述詞）都是可觀察詞。再假

設由 Γ_1 及 B（亦即物等同句與屬性等同句所組成之集合。物等同句是用來聯繫 T_2 中的述詞與 L_1 中所定義的物述詞；屬性等同句則用來聯繫 A_2 中的述詞與 L_1 中所定義的屬性述詞。）所演繹導出之可觀察語句不含在 L_2 之外的任何可觀察詞。在這樣的假設情況下，用克雷格方法由 Γ_1 所新建的理論 Γ'_1 不含任何指涉 Bas_1 中的個體及其屬性的詞。因此，Γ'_1 不含有關 Bas_1 之基本定律；Γ'_1 並不是有關 Γ_1 之基本元素的理論。F_2 雖然可以由 Γ'_1 導出，但這種導出程序不能視為結構說明或微化約。理由非常明顯。第一，Γ'_1 所涉及的個體並不比 F_2 所涉及的個體為小。Γ'_1 和 Γ_2 兩個理論所涉及的個體根本相同，不可能把 Γ_2 微化約成 Γ'_1。其次，由 Γ'_1 導出 F_2 或 Γ_2 的過程中根本沒有用到任何物等同句或屬性等同句。依照庫濟的學說，微化約或結構說明的一個重要特點就是必須使用這類等同句。不使用這類等同句的論證或推論就不會是結構說明。

可見，按照庫濟的結構說明論或微化約論，一個科學理論，使用克雷格方法改建之後，有可能喪失其原有的結構說明功能。

V、布勞棣的本質說明論

巴魯奇．布勞棣 (Baruch A. Brody) 和許多科學哲學家一樣，認為涵蓋律說遺漏了科學說明的某些要素，因而主張韓佩爾所列出的切當的科學說明所必備的四個條件並不充足。但是，韓佩爾遺漏了那些要素呢？我們又必須添加那些條件呢？布勞棣認為這些問題可以在亞里斯多德 (Aristotle) 的著作中找到答案；亞里斯多德早在兩千多年前就解決了韓佩爾的難題[105]。亞里斯多德使用兩個概念來解決這些難題。

[105] 布勞棣的學說，請看 Baruch A. Brody, “Towards an Aristotelean Theory of

這兩個概念是：非休謨式的因果概念 (non-Humean causatity) 及本質性質 (essential properties)。

為了解說韓佩爾的難題，布勞棣要我們比較亞里斯多德所舉的下面兩個論證：

(A)(1)這些行星並不閃爍。

(2)不閃爍的天體一定靠近地球。

∴這些行星靠近地球。

(B)(1)這些行星靠近地球。

(2)靠近地球的天體不會閃爍。

∴這些行星不閃爍。

這兩個論證，除了第二個前提可能有問題之外，完全符合涵蓋律說明模式並滿足了韓佩爾所要求的條件。論證(B)，若其前提(2)為真，則可以看做是對其結論的適當說明。我們可以用行星靠近地球的事實來說明它們為何不閃爍。反之，論證(A)，即使其前提(2)為真，也不能算是對其結論的適當說明。我們不可用行星不閃爍的事實來說明它們為何靠近地球。然則，(A)、(B)兩個論證的差異何在？從涵蓋律說的觀點來看，這兩個論證的情況完全相同，為什麼(B)會成為切當的說明（若前提(2)為真），而(A)不會呢？布勞棣認為亞里斯多德早已看出(A)、(B)之間的差異，並已提出正確的答案。亞里斯多德認為行星靠近地球是它們不閃爍的原因；反之，它們不閃爍絕對不是它們靠近地球的原因。因此，(B)說明了行星為何不閃爍的原因；反之，(A)卻未說明行星為何靠近地球的原因。布勞棣同意亞里斯多德的看法：(A)和(B)兩個論證之不

Scientific Explanation,” 以及 *Identity and Essence*, §§6.2–6.3, pp. 138–153.

同在於(A)的前提中所描述的事象不是其結論所描述的事象之原因，反之，(B)的前提中則描述了其結論所描述的事象之原因[106]。於是，布勞棣得到如下的原則：

> 一個科學說明，如果滿足了韓佩爾所要求的條件，而且在說明項所描述的事象中有待說明事象之原因，則為切當之科學說明。

布勞棣的這項要求，我們稱之為「原因要求」(causal requirement)；而滿足這項要求的說明叫做「原因說明」。我們必須指出：布勞棣並不認為這項要求是必要條件；他認為這項要求與後面所要討論的本質屬性要求，兩者只要有一個得到滿足就可以成為切當的科學說明[107]。

為了要指明原因要求並非必備條件，布勞棣要我們比較下面兩個科學說明：

(C)(1)鈉與溴通常以一原子對一原子的比例化合。

(2)任何元素，若在通常情況下以一原子對一原子的比例與溴化合，則通常也會以一原子對一原子的比例與氯化合。

∴鈉與氯通常以一原子對一原子的比例化合。

---

[106] 此處所謂「原因」(cause) 當然不是休謨 (David Hume) 意義的原因。按照休謨對「原因」概念的分析，所謂「甲是乙的原因」並不表示甲是促成乙發生的力量或因素，而只表示甲、乙經常伴隨出現，致使我們看到或聽到甲之後自然而然會聯想到乙。我們若採取休謨對「原因」概念的分析，則行星不閃爍也未嘗不可以看做是行星靠近地球的原因。可見，若要用「原因」的概念來區分(A)和(B)兩個論證之差異，則不能採取休謨的分析。有關休謨對「原因」的分析，請看 David Hume, *A Treatise of Human Nature*, Book I, Part III, Sections 2, 3; 及 *Enquiry Concerning Human Understanding*, Section 7.

[107] 參看 Brody, "Towards an Aristotelean Theory of Scientific Explanation," p. 24, note 4.

(D)用鈉和氯兩種元素的原子構造來說明這兩種元素為何通常都會以一原子對一原子的比例化合[108]。

(C)和(D)兩個論證都滿足了韓佩爾所要求的條件。但是，其中(D)是一個切當的科學說明，而(C)卻不是。據布勞棣說，其中的差異，不在於(D)滿足了原因要求而(C)未能滿足。他認為(C)和(D)兩個論證都未能滿足原因要求。

(C)不能滿足原因要求是極為明顯的：鈉與溴通常以一原子對一原子的比例化合的事實絕不會是促使鈉與氯以同樣比例化合的原因。至於(D)也未滿足原因要求，則並不十分明顯，而須稍加解說。我們也許會認為鈉與氯的原子構造是促使它們以一原子對一原子的比例化合的原因。布勞棣認為這種看法是錯誤的。按照他的說法，鈉與氯化合是一個事件；至於它們是以如何比例化合，仍是這個事件某一方面的情

---

[108] 布勞棣並未把這個說明寫成詳細的論證。麥卡錫 (Timothy McCarthy) 在 "Discussion on an Aristotelian Model of Scientific Explanation" 一文中把此說明寫成如下的論證：

(D′) (1) U 的原子序為 n_1。

(2) V 的原子序為 n_2。

(3) (x)(y)（(x 的原子序為 n_1）∧（y 的原子序為 n_2）→（x 與 y 通常以一原子對一原子的比例化合））。

∴U 與 V 通常以一原子對一原子的比例化合。

上面論證中，「U」和「V」分別表示「鈉」和「氯」，「n_1」和「n_2」則分別表示鈉和氯的原子序，亦即「11」和「17」。其實，除了鈉之外，沒有任何其他元素的原子序是 11 的；同樣的，除了氯之外，也沒有任何其他元素的原子序是 17 的。因此，前提(3)是否具有任何說明力，頗為可疑；因而 (D′) 是否妥切的表達了(D)的要點，也頗有問題。

況，而非一個事件。只有事件才會有原因；一個事件某一方面的情況不會有原因。促使鈉與氯化合的原因乃是它們在適當情況下互相靠近，而不是它們有某種原子構造。它們遠在尚未化合之前早已有此種原子構造。它們的原子構造當然可用來說明它們為何會以一對一的比例化合；但這不表示原子構造是促成它們如此化合的原因。可用來說明一個事件何以在某一方面會有某種情況者未必就是該事件之原因，更不是該事件在那方面的情況之原因[109]。

然則(C)與(D)的差異何在？布勞棣發現亞里斯多德的另一個建議可以解決這個問題。亞里斯多德把物的屬性 (attributes) 分成本質屬性 (essential attributes) 和偶有屬性 (accidental attributes)。某一物的本質屬性是該物必然會有的屬性；該物之所以為該物正是因為有這個屬性；若不具有這個屬性，則該物不成其為該物。舉例言之，鈉之所以為鈉乃是因為它具有某種特定的原子構造；若其原子構造不是如此，就不是鈉而是別種物質了。反之，某一物的偶有屬性則並非該物之所以成為該物所必備的屬性。儘管事實上該物永遠具備某一偶有屬性；但即使該物喪失該偶有屬性，也不會變成別種物質。舉例言之，鈉通常會與溴以一原子對一原子的比例化合，此一性質即為鈉的偶有屬性。只要鈉的原子構造不變，即使它與溴的化合比例發生了變化，它仍然是鈉，並未變成別種物質[110]。布勞棣認為(C)和(D)的差異在於(D)涉及鈉和

[109] 參看 Brody, "Towards an Aristotelean Theory of Scientific Explanation," pp. 24–25; 及 *Identity and Essence*, pp. 144–145.

[110] 本質屬性與偶有屬性的區別到底能否成立，其區別何在，一直是哲學上爭論未決的問題。布勞棣在 *Identity and Essence* 一書中對此有詳細的討論。他的學說是否令人滿意，我們不擬深究。

氯的本質屬性，而(C)則僅涉及它們的偶有屬性。(D)之所以能夠成為令人滿意的科學說明，而(C)不能，其關鍵也在於此。於是布勞棣得到下面的原則：

> 一個科學說明，除了滿足韓佩爾所要求的條件之外，若在說明項中描述了待說明項中所涉及之物的本質屬性，則為切當之科學說明。

布勞棣的這項要求，我們稱之為「本質屬性要求」(essential attributes requirement)；而滿足這項要求的說明叫做「本質說明」(essentialist explanation)。

關於本質屬性，布勞棣尚有一點附帶說明。據他說，假若某一物 a 具有某一性質 P 這一事實可用來說明 a 為何具有其他性質，然而對於 a 為何具有性質 P 卻無法加以說明，則我們就有充分的理由假設 P 是 a 的本質屬性[111]。

以上我們簡略的介紹了布勞棣有關科學說明的學說。他的學說是否正確，我們不擬討論[112]。我們所關心的是：按照布勞棣的學說，一

---

[111] 參看 Brody, *Identity and Essence*, p. 151.

[112] 筆者認為布勞棣的學說有下面幾點值得懷疑：(i)一個事件與一個事件某一方面的情況如何區分？一個事件某一方面的情況為什麼不是一個較小的事件？(ii)為什麼只有事件才會有原因，而一個事件某一方面的情況就不會有原因？(iii)本質屬性與偶有屬性的區別是否能夠成立？(iv)某一元素的原子構造為何是該元素的本質屬性？(v)為何不能用物的偶有屬性來做切當的科學說明？關於布勞棣學說的討論，請閱 Nathan Stemmer, "Brody's Defense of Essentialism;" Timothy McCarthy, "On an Aristotelian Model of Scientific Explanation;" 及 Peter Achinstein, *The Nature of Explanation*, pp. 176–178, 185–186.

除了上面的疑問之外，布勞棣對亞里斯多德的學說所做的解釋，似乎也不正

個科學理論用克雷格方法重建之後，有沒有可能喪失其原有的說明功能？現在我們即將指明：一個具有本質說明功能的科學理論 Γ，用克雷格方法重新建構成 Γ′ 之後有可能喪失本質說明的功能。

有些物所具有的本質屬性是不可觀察的，因而指涉這些屬性的詞也就不是可觀察詞，而是理論性詞[113]。現在假設有一個科學理論 Γ，其適用範圍內一切個體所具有的本質屬性全都是不可觀察的，因而 Γ 中用來指涉本質屬性的詞全都是理論性詞。很明顯的，用克雷格方法由 Γ 所建構的理論 Γ′ 不會含有指涉本質屬性的詞。因此，使用 Γ′ 中的定律所做的說明不會滿足本質屬性要求。可見，Γ′ 有可能喪失 Γ 所原有的本質說明的功能。

VI、費雅耶班的非推衍說明論或非推衍化約論

主張涵蓋律說的科學哲學家，如韓佩爾、納格爾 (Ernest Nagel) 等人大多認為科學定律可用更普遍的定律來說明，而科學理論也可用更

確。亞里斯多德主張科學說明必須能夠指明：待說明的事象不僅會發生而且必然會發生。為要指明這點，說明項中必須涉及物的本質屬性並描述待說明事件的原因。換言之，本質屬性要求及原因要求兩項必須同時滿足，才能算是切當的科學說明。布勞棣只要求滿足其中的任意一項要求，而且把滿足本質屬性要求的科學說明叫做「本質說明」，把滿足原因要求的叫做「原因說明」。這顯然與亞里斯多德的學說不盡相符。請參看 Aristotle, *Posterior Analytics*, Book 1, Chapter 2; 及 Peter Achinstein, *The Nature of Explanation*, p. 13.

[113] 布勞棣也承認在敘述某些物具有某些本質屬性的語句中，有許多是理論性語句而非可觀察語句。參看 Brody, "Towards an Aristotelean Theory of Scientific Explanation," p. 26; 及 *Identity and Essence*, p. 147.

基本的科學理論來說明。這種說明又叫做「化約」(reduction)。例如：波義耳及查理定律可用氣體分子動力論來說明，亦即前者可化約到後者；伽利略定律、凱卜勒定律可化約到牛頓力學。這些哲學家又主張這種說明或化約，基本上是一種推衍。詳言之，用理論 Γ_1 來說明理論 Γ_2 或把理論 Γ_2 化約到 Γ_1，乃是由 Γ_1 及某些輔助前提（相當於說明單獨事象所用的先行條件）推衍出 Γ_2。例如：所謂用牛頓力學及引力定律來說明伽利略自由落體定律，或把自由落體定律化約到牛頓力學，意思就是由牛頓力學、引力定律以及敘述地球半徑的語句等導出伽利略的自由落體定律[114]。

我們在前面所討論的佛利德曼、基契爾、庫濟、布勞棣等人的學說（威廉．瑞的學說除外）也都接受涵蓋律說的此項基本觀點。本小節所要介紹的費雅耶班 (Paul K. Feyerabend) 則否認用 Γ_1 說明 Γ_2 或把 Γ_2 化約到 Γ_1，乃是由 Γ_1 導出 Γ_2[115]。他認為由 Γ_1 以及真實的輔助前提不僅導不出 Γ_2，甚且可導出與 Γ_2 互相衝突的結論 Γ'_2。若要由 Γ_1 導出 Γ_2，則必須使用不真實的輔助前提。既然如此，則為什麼還可用 Γ_1 來說明 Γ_2 呢？費雅耶班認為那是因為由 Γ_1 及真實的輔助前提所導出的 Γ'_2 雖然與待說明的 Γ_2 互相衝突，但卻極為接近。從另一個角度來說，要導出 Γ_2 所必須用到的輔助前提雖然是假的，但卻與真實情況非常接近。其接近的程度有時無法用實驗來否證 (falsify)。因此，Γ_1 雖不足以說明 Γ_2 為什麼是真的，但仍足以說明 Γ_2 為何如此接近真實，而且

[114] 參看 Ernest Nagel, "The Meaning of Reduction in the Natural Sciences," 及 *The Structure of Science*, Chapter 11, pp. 336–397.

[115] 有關費雅耶班的這個主張，請參看 Feyerabend, "Explanation, Reduction, and Empiricism," 及 "On the 'Meaning' of Scientific Terms."

Γ_1 還可以糾正 Γ_2 的錯誤。以伽利略的自由落體定律為例，要由牛頓力學及引力定律導出自由落體定律，我們必須使用不真實的輔助前提。那就是物體與地球中心的距離在自由落體運動的過程中始終不變，不因物體逐漸接近地面而縮短其與地心的距離，因而地球與物體之間的引力不因距離之縮短而增加，引力所造成的加速度也不因而增加。如果我們不使用這個不真實的輔助前提，就得不到伽利略的自由落體定律。如果我們使用真實的輔助前提，在前提中指明物體逐漸接近地面會使地球與物體之間的引力加強，則我們所得到的結論會指出：在自由落體運動中，加速度會越來越大。這個結論與伽利略的自由落體定律相衝突，因為伽利略定律告訴我們：在自由落體運動中，加速度始終不變。然而，我們仍然認為牛頓力學和引力定律可用來說明伽利略定律。由牛頓力學、引力定律及真實的輔助前提所導出的結論，雖與伽利略定律相衝突，但卻極為接近。加速度的增加極其微小，幾乎無法測出。因此，該結論與伽利略定律之間的差異，實際上可以忽略。另一方面，由牛頓力學及引力定律導出伽利略定律所須用到的輔助前提雖然不完全真實，但卻非常接近真實。物體在落地的過程中，雖然逐漸接近地面，因而與地心的距離也隨之縮短；但其縮短之長度與整個距離的長度相比，也是微小到可以忽略的程度。因此，牛頓力學及引力定律足以用來說明伽利略的自由落體定律為何如此接近真實。不但如此，牛頓力學及引力定律尚可用來糾正伽利略定律的微小的錯誤。

除了費雅耶班之外，波柏爾 (Karl R. Popper) 和孔恩 (Thomas S. Kuhn) 也有類似的主張[116]。

---

[116] 參看 Karl R. Popper, "The Aim of Science," "Truth, Rationality, and the Growth of Scientific Knowledge," 及 Thomas S. Kuhn, *The Structure of Scientific*

現在我們要討論的是：按照費雅耶班的說明論或化約論，一個科學理論 Γ 用克雷格方法建構成 Γ' 之後，是否一定會保留其原有的說明功能或化約功能？我們的答案是否定的。設 Γ_1 為含有理論性詞的科學理論；Γ'_1 為用克雷格方法由 Γ_1 所建構的理論；Γ_2 為不含理論性詞的科學理論；而且 Γ_1 可用來說明 Γ_2 中的每一定律為何會接近真實，換言之，Γ_2 中的每一定律 L_i 都可由 Γ_1 及不真實（但極接近真實）的輔助前提 C_i 導出。再假設每一個可由 Γ_1 演繹導出的可觀察語句一定是以 Γ_2 中的某一定律 L_i 為後件而以其所需的輔助前提 C_i 為前件所構成的條件句 $(C_i \rightarrow L_i)$，或是與這種條件句相類似的語句。因此，Γ'_1 乃是由這類條件句的等值語句所組成的集合。在這些可能的假設情況下，Γ'_1 並不能用來說明 Γ_2。因為雖然 Γ_2 中的每一個定律 L_i 都可由 Γ'_1 中的語句 $(C_i \rightarrow L_i)$ 及極接近真實的輔助前提 C_i 導出，但是 Γ'_1 中的語句 $(C_i \rightarrow L_i)$ 並不比 Γ_2 中待說明的 L_i 更普遍或更基本[117]。可見 Γ_1 用克雷

Revolutions, p. 139.

[117] 為了指明這些假設情況是可能的，讓我們虛構一個簡單的例子如下：

假定 Γ_1 只含有兩個定律：$(x)(Cx \rightarrow (y)(O_1y \rightarrow Txy))$

$$(x)(y)(Txy \rightarrow O_2y)$$

其中「T」為理論性詞，「C」、「O_1」、「O_2」為可觀察詞。則可由 Γ_1 演繹導出的可觀察語句一定可由下面語句演繹導出：

$$(\exists x)Cx \rightarrow (y)(O_1y \rightarrow O_2y)$$

因此，Γ'_1 中的語句也一定可由上面這個語句演繹導出。再假定「$(\exists x)Cx$」為非常接近真實的語句（換言之，沒有任何東西真正具有性質 C，但有些東西具有非常接近 C 的性質）。按照費雅耶班的學說，Γ_1 可用來說明下面的定律：

$$(y)(O_1y \rightarrow O_2y)$$

格方法改建成 Γ'_1 之後有可能喪失其原有的說明功能。

九、克雷格定理與科學工具論

在上一節（即第八節）我們介紹了六種有關科學說明的學說。我們同時指出不管採取那一種學說，一個科學理論經過克雷格方法重新建構之後都不一定能夠保留其原有的說明功能。克雷格方法的這項缺陷與科學實在論和科學工具論之間的爭論有何關係？這是本節所要討論的問題。

我們在本文第一節（即前言）曾提到科學實在論與科學工具論之間的爭論，現在我們將做稍微詳細的說明。按照科學實在論的看法，科學理論是一群敘述句，用以敘述事實，因而有真假可言。這些敘述句既然敘述事實，則其中所含的理論性詞必有所指；它們指稱某些事物。敘述句正是敘述有關這些事物的事實。因此，這些理論性詞的所指物乃實有其物，而非科學家所虛構。至於科學工具論則主張科學理論並非一群敘述句，而是一套規則，用以聯繫可觀察事象之間的關係。既然不是敘述句，則無真假可言。這套規則好像一套工具。只要能幫我們看出可觀察事象之間的關係，就是合用的好工具；至於其中所含的理論性詞是否確有所指，並無關緊要。我們使用理論性詞，並不表示在真實世界中確有這些詞所指稱的事物存在，因而也不表示科學理論乃是敘述有關這些事物的事實。我們只是把理論性概念當做方便的工具而加以使用。用例子來說明，也許較易明瞭這兩種觀點的差異。

因為它可由 Γ_1 以及非常接近真實的輔助前提「$(\exists x)Cx$」導出。然而 Γ'_1 卻無法用來說明此定律，因為 Γ'_1 中的定律並沒有比待說明的定律更普遍或更基本。

以氣體分子動力論為例，實在論認為該理論是敘述分子的活動，確實有分子存在。反之，工具論者認為該理論並不是敘述分子的活動；它是一套規則，告訴我們如何由氣體的壓力來推測氣體的溫度等可觀察事象間的關聯。我們使用分子這個理論性概念，並不表示確實有分子這種東西存在；我們只是把分子的概念當做方便的工具而已[118]。

現在我們來看看理論性概念可否消除的問題與這兩個不同觀點的爭論有什麼關係。假定我們可以消除理論性概念，而不影響科學理論的功能，這表示這些概念的使用是不必要的，因而我們就沒有理由相信理論性詞確有所指物存在；故實在論不成立[119]。反之，假定消除了理論性概念就無法保存原理論的功能，這表示理論性概念是不可缺少的，因而我們就有理由相信理論性詞確有所指物存在；故實在論成立，而工具論不成立。

然則，克雷格消除理論性詞的方法可否用來支持科學工具論？為了探討這個問題，我們把韓佩爾的所謂「理論家的兩難」(theoretician's dilemma) 論證介紹如下，然後以這個論證做為我們討論的基礎。

韓佩爾在 1958 年在《米里蘇達科學研究叢刊》(*Minnesota Studies in the Philosophy of Science*) 第二卷發表一篇長文，題目叫做〈理論家的兩難：理論建構的邏輯研究〉("The Theoretician's Dilemma: A Study in the Logic of Theory Construction")。他在該文中提出一個論證叫做

---

[118] 參看 Ernest Nagel, *The Structure of Science*, pp. 129–152.

[119] 參看 James W. Cornman, "Craig's Theorem, Ramsey-Sentences, and Scientific Instrumentalism," pp. 122–126; 以及 *Perception, Common Sense, and Science*, pp. 180–186.

「理論家的兩難」，做為討論理論性詞有無必要的基礎。這個論證的要點如下[120]：

前提 1 在科學理論中使用理論性詞的目的是為了要建立可觀察事象之間的關聯。

結論 1 理論性詞若無法幫助科學理論建立可觀察事象之間的關聯，則科學理論中不必要使用理論性詞。（由前提 1 導出）

前提 2 理論性詞若能幫助科學理論建立可觀察事象之間的關聯，則即使沒有理論性詞的幫助，這些關聯仍然可以建立起來。

結論 2 若可觀察事象之間的關聯即使沒有理論性詞的幫助仍然可以建立，則科學理論中不必要使用理論性詞。（由前提 1 導出）

結論 3 理論性詞若能幫助科學理論建立可觀察事象之間的關聯，則科學理論中不必要使用理論性詞。（由前提 2 和結論 2 導出）

結論 4 無論如何，科學理論中不必要使用理論性詞。（由結論 1 和結論 3 導出）

我們如果接受這個論證，因而接受結論 4，則可以為科學工具論

---

[120] 韓佩爾的論證見於 “The Theoretician’s Dilemma,” §5, pp. 185–187. 康曼 (James W. Cornman) 和杜美拉 (Raimo Tuomela) 都曾改寫過韓佩爾的理論家的兩難論證，請參看 Cornman, “Craig’s Theorem, Ramsey-Sentences, and Scientific Instrumentalism,” p. 83; 及 Tuomela, *Theoretical Concepts*, p. 3. 我們在本文中所列出的論證，乃是筆者重新改寫的。

提供相當的支持[121]。但是，要由結論 4 推出科學工具論的觀點，我們還需要加上下面的前提：

前提 3　若在科學理論中不必要使用理論性詞，則我們沒有理由認定理論性詞有所指物存在。

由結論 4 和前提 3，我們可導出下面的結論：

結論 5　我們沒有理由認定理論性詞有所指物存在。

科學哲學家之所以往往在討論科學工具論時會提到克雷格定理，乃是因為克雷格定理可用來支持理論家的兩難論證中的前提 2。克雷格定理證明了一個科學理論 Γ 用克雷格方法轉化成不含理論性詞的理論 Γ′ 之後，仍能演繹導出原來可由 Γ 導出的可觀察語句。同時，我們在本文第七節已指出：我們沒有理由認定會有任何可觀察語句能夠由 Γ 歸納導出而卻無法由 Γ′ 歸納導出。可見，使用理論性詞所建立的可觀察事象之間的關聯，即使不用理論性詞也仍然可以建立。因此，我們認為克雷格定理確實為前提 2 提供了相當強度的支持。

我們雖然認為克雷格定理為前提 2 提供相當強度的支持，但這並不表示我們認為克雷格定理可用來支持科學工具論。因為我們並不接受上面論證的前提 1。科學理論中使用理論性詞的目的，不僅是要建立可觀察事象之間的關聯，而且還要說明它們之間為何會有如此的關聯。我們在第八節中曾指出：含有理論性詞的定律可用來說明可觀察的單獨事象或可觀察事象之間的關聯（亦即可觀察定律）。因此，前提 1 應該修正如下：

---

[121] 韓佩爾的論證只涉及理論性詞有無必要，並未涉及科學工具論。康曼則使用韓佩爾的論證來支持科學工具論。參看 Cornman, "Craig's Theorem, Ramsey-Sentences, and Scientific Instrumentalism," p. 84.

前提 1′　在科學理論中使用理論性詞的目的是為了要建立可觀察事象之間的關聯，並說明它們之間為何會有如此的關聯。

前提 1 如此修正之後，我們若要得到結論 4，則前提 2 也必須做相對應的修正如下：

前提 2′　理論性詞若能幫助科學理論建立可觀察事象之間的關聯，並說明它們之間為何會有如此的關聯，則即使沒有理論性詞的幫助，這些關聯仍然可以建立並得到說明。

但是經過如此修正後的前提 2′，就不能像修正前的前提 2 那樣得到克雷格定理的強力支持。我們在第八節已詳細說明：含有理論性詞的科學理論 Γ，用克雷格方法轉化成不含理論性詞的 Γ′ 之後，有可能喪失其原有的說明功能。因此，我們認為克雷格方法無法用來支持前提 2′，也因而無法用來支持科學工具論。

第四篇　參考書目

Achinstein, Peter

1965 "The Problem of Theoretical Terms," *American Philosophical Quarterly*, Vol. 2, pp. 193–203.

1968 *Concepts of Science*, The Johns Hopkins Press.

1983 *The Nature of Explanation*, Oxford University Press.

Aristotle

1941 *Posterior Analytics*, in R. McKeon (ed.), *The Basic Works of Aristotle*, Random House.

Barker, Stephen F.

1982 *The Elements of Logic*, 3rd ed., McGraw-Hill Book Company.

Blackwell, Richard J.

1969 *Discovery in the Physical Sciences*, University of Notre Dame Press.

Bohnert, Herbert Gaylord

1968 "In Defense of Ramsey's Elimination Method," *The Journal of Philosophy*, Vol. LXV, pp. 275–281.

Braithwaite, Richard Bevan

1953 *Scientific Explanation: A Study of the Function of Theory, Probability and Law in Science*, Cambridge University Press.

Bridgman, P. W.

1927 *The Logic of Modern Physics*, The Macmillan Company.

Brody, Baruch A.

1971 "Towards an Aristotelean Theory of Scientific Explanation," *Philosophy of Science*, Vol. 39, pp. 20–31.

1980 *Identity and Essence*, Princeton University Press.

Campbell, Norman

1952 *What Is Science?* Dover Publications, Inc.

Carnap, Rudolf

1936–1937 "Testability and Meaning," *Philosophy of Science*, Vol. 3, pp. 420–468; Vol. 4, pp. 1–40.

1969 *The Logical Structure of the World* (translated by Rolf A. George), University of California Press.

Causey, Robert L.

1972 "Attribute-Identities in Microreductions," *The Journal of Philosophy*, Vol. LXIX, pp. 407–422.

1972 "Uniform Microreductions," *Synthese*, Vol. 25, pp. 176–218.

1976 "Identities and Reduction: A Reply," *Noûs*, Vol. 10, pp. 333–337.

1977 *Unity of Science*, D. Reidel Publishing Company.

1980 "Structural Explanations in Social Science," in T. Nickles (ed.), *Scientific Discovery, Logic, and Rationality*, D. Reidel Publishing Co., pp. 355–373.

1981 "Reduction and Ontological Unification: Reply to McCauley," *Philosophy of Science*, Vol. 48, pp. 228–231.

Chellas, Brian F.

1980 *Modal Logic: An Introduction*, Cambridge University Press.

Church, Alonzo

1956 *Introduction to Mathematical Logic*, Vol. 1, Princeton University Press.

Copi, Irving M.

1982 *Introduction to Logic*, 6th ed., Macmillan Publishing Company.

Cornman, James W.

1972 "Craig's Theorem, Ramsey-Sentences, and Scientific Instrumentalism," *Synthese*, Vol. 25, pp. 82–128.

1975 *Perception, Common Sense, and Science*, Yale University Press.

Cowling, T. G.

1960 *Molecules in Motion: An Introduction to the Kinetic Theory of Gases*, Harper and Brothers.

Craig, William

1951 *A Theorem About First-Order Functional Calculus with Identity, and Two Applications*, Ph. D. Thesis, Harvard University.

1953 "On Axiomatizability within a System," *Journal of Symbolic Logic*, Vol. 18, pp. 30–32.

1956 "Replacement of Auxiliary Expressions," *Philosophical Review*, Vol. 65, pp. 38–55.

1960 "Bases for First-Order Theories and Subtheories," *Journal of Symbolic Logic*, Vol. 25, pp. 97–142.

Dray, William

1954 "Explanatory Narrative in History," *Philosophical Quarterly*, Vol. IV, pp. 15–27.

1957 *Laws and Explanation in History*, Oxford University Press.

1959 "'Explaining What' in History," in Patrick Gardiner (ed.), *Theories of History*, Free Press of Glencoe, Inc., pp. 403–408.

1964 *Philosophy of History*, Prentice-Hall.

Ducasse, J. C.

1925 "Explanation, Mechanism, and Teleology," *The Journal of Philosophy*, Vol. 22, pp. 150–155.

Feyerabend, Paul K.

1962 "Explanation, Reduction, and Empiricism," in Herbert Feigl and Grover Maxwell (eds.), *Scientific Explanation, Space, and Time* (*Minnesota Studies in the Philosophy of Science*, Vol. III), pp. 28–97.

1965 "On the 'Meaning' of Scientific Terms," *Journal of Philosophy*, Vol. LXII, pp. 266–274.

1975 *Against Method*, New Left Books.

1978 *Science in a Free Society*, Verso.

1981 *Realism, Rationalism and Scientific Method*, Cambridge University Press.

Freud, Sigmund

1951 *Psychopathology of Everyday Life*, translated by A. A. Brill, The New American Library.

Friedman, Michael

1974 "Explanation and Scientific Understanding," *The Journal of Philosophy*, Vol. LXXI, pp. 5–19.

1981 "Theoretical Explanation," in Richard Healey (ed.), *Reduction, Time and Reality: Studies in the Philosophy of Natural Science*, University of California Press, pp. 1–16.

Grosser, Morton

1962 *The Discovery of Neptune*, Harvard University Press.

Hanson, Norwood Russell

1958 *Patterns of Discovery: An Inquiry into the Conceptual Foundations of Science*, Cambridge University Press.

1969 *Perception and Discovery: An Introduction to Scientific Inquiry*, Freeman, Cooper & Company.

1971 *Observation and Explanation: A Guide to Philosophy of Science*, Harper & Row, Publishers.

Harman, P. M.

1982 *Energy, Force, and Matter: The Conceptual Development of Nineteenth-Century Physics*, Cambridge University Press.

Hempel, Carl Gustav

1942 "The Function of General Laws in History," *The Journal of Philosophy*, Vol. 39, pp. 35–48. Reprinted in Hempel, *Aspects of Scientific Explanation and Other Essays in the Philosophy of Science*, The Macmillan Company, 1965, pp. 231–243.

1945 "Studies in the Logic of Confirmation," *Mind*, Vol. 54, pp. 1–26, 97–121. Reprinted in Hempel, *Aspects* (1965), pp. 3–46.

1948 "Studies in the Logic of Explanation" (with Paul Oppenheim), *Philosophy of Science*, Vol. 15, pp. 135–175. Reprinted in Hempel, *Aspects* (1965), pp. 245–290.

1958 "The Theoretician's Dilemma: A Study in the Logic of Theory Construction," in Herbert Feigl, Michael Scriven, and Grover Maxwell (eds.), *Minnesota Studies in the Philosophy of Science*, Vol. II, pp. 37–98. Reprinted in Hempel, *Aspects* (1965), pp. 173–226.

1959 "The Logic of Functional Analysis," in L. Gross (ed.), *Symposium on Sociological Theory*, Harper & Row, pp. 271–307. Reprinted in Hempel, *Aspects* (1965), pp. 297–330.

1962 "Deductive-Nomological vs. Statistical Explanation," in Herbert Feigl and Grover Maxwell (eds.), *Minnesota Studies in the Philosophy of Science*, Vol. III, pp. 98–169.

1965 "Aspects of Scientific Explanation," in Hempel, *Aspects* (1965), pp. 331–496.

1966 *Philosophy of Natural Science*, Prentice-Hall, Inc.

Hesse, Mary

1970 "Theories and Transitivity of Confirmation," *Philosophy of Science*, Vol. 37, pp. 50–63.

Hooker, C. A.

1968 "Five Arguments against Craigian Transcriptionism," *Australasian Journal of Philosophy*, Vol. 46, pp. 265–276.

Hughes, E. G. and Cresswell, M. J.

1968 *An Introduction to Modal Logic*, Methuen.

Hume, David

1955 *A Treatise of Human Nature*, ed. by L. A. Selby-Bigge, The Clarendon Press.

1955 *Enquiry Concerning Human Understanding*, ed. by Charles W. Hendel, The Bobbs-Merrill Company, Inc.

Jaffe, Bernard

1960 *Michelson and the Speed of Light*, Doubleday & Company, Inc.

Jevons, W. Stanley

1924 *The Principles of Science*, London.

Kitcher, Philip

1976 "Explanation, Conjunction, and Unification," *Journal of Philosophy*, Vol. LXXXIII, pp. 207–212.

1981 "Explanatory Unification," *Philosophy of Science*, Vol. 48, pp. 507–531.

Kuhn, Thomas S.

1970 *The Structure of Scientific Revolutions*, 2nd ed., enlarged, The University of Chicago Press.

Masterman, Margaret

1970 "The Nature of Paradigm," in I. Lakatos and A. Musgrave (eds.), *Criticism and the Growth of Knowledge*, Cambridge University Press, pp. 59–89.

Maxwell, Grover

1962 "The Ontological Status of Theoretical Entities," in H. Feigl and G. Maxwell (eds.), *Minnesota Studies in the Philosophy of Science*, Vol. III, pp. 3–27.

McCarthy, Timothy

1977 "Discussion on an Aristotelian Model of Scientific Explanation," *Philosophy of Science*, Vol. 44, pp. 159–166.

Mill, John Stuart

1887 *A System of Logic*, 8th ed., Harper & Brothers.

Nagel, Ernest

1949 "The Meaning of Reduction in the Natural Sciences," in Robert C. Stauffer (ed.), *Science and Civilization*, University of Wisconsin Press, pp. 99–145. Reprinted in A. Danto and S. Morgenbesser (eds.), *Philosophy of Science*, Meridian Books, Inc., 1960, pp. 288–312.

1961 *The Structure of Science: Problems in the Logic of Scientific Explanation*, Harcourt, Brace & World, Inc.

Niiniluoto, Ilkka and Tuomela, Raimo

1973 *Theoretical Concepts and Hypothetico-Inductive Inference*, D. Reidel Publishing Company.

Papineau, David

1979 *Theory and Meaning*, Clarendon Press.

Popper, Karl R.

1968 *The Logic of Scientific Discovery*, Basic Book, 1959, 2nd, revised ed.; Harper & Row Torchbook, 1968.

1965 "Truth, Rationality, and the Growth of Scientific Knowledge," in Popper,

Conjectures and Refutations: The Growth of Scientific Knowledge, 2nd ed., Harper Torchbooks, pp. 215–250.

1972 "The Aim of Science," in Popper, *Objective Knowledge: An Evolutionary Approach*, The Clarendon Press, pp. 191–205.

Putnam, Hilary

1962 "What Theories Are Not?" in E. Nagel, P. Suppes, and A. Tarski (eds.), *Logic, Methodology and Philosophy of Science*, Stanford University Press, 1962. Reprinted in Putnam, *Mathematics, Matter and Method* (Philosophical Papers, Vol. I), Cambridge University Press, 1972, pp. 215–227.

Rogers, Eric M.

1977 *Physics for the Inquiring Mind*, first published in 1960, 12th printing in 1977. Princeton University Press.

Salmon, Wesley C.

1970 "Statistical Explanation," in Robert G. Colodny (ed.), *The Nature and Function of Scientific Theories*, University of Pittsburgh Press, pp. 173–231.

Scheffler, Israel

1963 *The Anatomy of Inquiry: Philosophical Studies in the Theory of Science*, Knopf.

Schlesinger, George

1974 *Confirmation and Confirmability,* Clarendon Press.

Smart, J. J. C.

1965 "Theory Construction," in Antony Flew (ed.), *Logic and Language*, Second Series, 1st ed., Basic Blackwell, 1953; Anchor Books edition, 1965, Doubleday & Company, Inc., pp. 446–467.

Stemmer, Nathan

1973 "Brody's Defense of Essentialism," *Philosophy of Science*, Vol. 40, pp. 393–396.

Suppe, Frederick

1972 "What's Wrong with the Received View on the Structure of Scientific Theories?" *Philosophy of Science*, Vol. 39, pp. 1–19.

1977 *The Structure of Scientific Theories*, 2nd ed., University of Illinois Press.

Tuomela, Raimo

1973 *Theoretical Concepts*, Springer-Verlag.

Turner, Herbert Hall

1963 *Astronomical Discovery*, University of California Press.

Van Fraassen, Bas C.

1980 *The Scientific Image*, Clarendon Press.

Walker, Nigel

1977 *Behaviour and Misbehaviour: Explanations and Non-explanations*, Basil Blackwell.

Walsh, W. H.

1967 *Philosophy of History: An Introduction*, revised ed., Harper & Row.

異時空裡的知識追逐——科學史與科學哲學論文集

傅大為　著

如今，社會典範已不再單一，多元異質的典範相互輝映，使科學史、科學哲學，以及 STS 的研究多了種種前所未見可能性。在這樣「異時空」的背景下，這本擴大再版的論文集更為新興的研究動向，提供了沉穩而基進的新視野。

西洋哲學史

傅偉勳　著

作者傅偉勳將這本哲學史定位成一部「具批判性質的西洋哲學史」，並同時認為「哲學」一詞雖然難以定義，但不妨將哲學看成是一部哲學發展、辯證的歷史。本書強調客觀公平地審視各派別的理論學說與內在關係，希望讀者在閱讀本書時可以培養包容各種觀點的態度與批判思考的能力。

印度哲學史

楊惠南　著

本書透過數十部原典的資料，精要介紹了印度的民族、歷史和宗教，也詳盡分析與討論了印度各宗各派的哲學思想。許多研究印度哲學的讀者是為了進一步探究佛教的哲理，有鑑於此，本書引用了大量的佛典資料，也遵照佛典中的固有譯名來論述，方便讀者理解印度哲學與佛學的思想精華所在。

基本倫理學

林火旺　著

本書不只介紹了西方兩千多年來主要的倫理思想，也藉由臺灣的社會實例，具體呈現倫理學的哲學討論。認識這些不同的倫理主張，既能開拓我們的視野和深度，也能豐富我們生命的內容，並藉此重新回到人的本質，找回追尋幸福的基本方向。

演化與人性——演化倫理學與儒家思想的創新

李雅明　著

作者李雅明在本書中調和看似矛盾的孟子性善論和荀子性惡論，論證出這種有科學基礎的儒家倫理思想，並稱之為「科學的儒家人性論」。以「科學的儒家人性論」重新詮釋儒家哲學，可以把孟子和荀子開創的兩條思路重新歸併回儒學主流，發展出儒家思想與近代科學充分融合的新道路。

形上學要義

彭孟堯　著

哲學是人文的基礎，形上學是哲學的根基。本書介紹在英美哲學思潮下發展的形上學，解說形上學最根本的四大概念：等同、存在、性質、本質。在介紹的過程中同時也探討了「個物」以及「自然類」等概念。另外，基於形上學必定要探討這個世界的結構，尤其是這個世界的因果結構，本書特別對於因果關係進行一些說明。

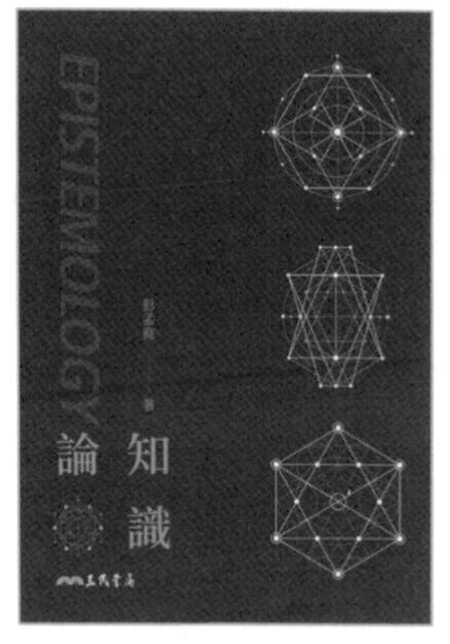

知識論

彭孟堯　著

本書除了介紹西方傳統的知識論之外，著重在解說當代英美哲學界在知識論領域的研究成果與發展，並引進認知科學以及科學哲學的相關研究成果，以輔助並擴充對於知識論各項議題的掌握。

莊子的生命哲學

葉海煙　著

作者在超越與辯證兩大原理引領下，經由或曲或直的思考路徑，向莊子哲學的高峰邁進。莊子哲學兼攝多種思維向度的不凡成就，作者則運用詮釋手法提振起莊子的概念系統，進而將理性與生命緊密結合，以見莊子俊逸的生命風采。

王陽明——中國十六世紀的唯心主義哲學家

張君勱　著；江日新　譯

張君勱是同唐君毅、徐復觀及牟宗三諸先生共倡「當代新儒學」的代表人物。為尋繹中國走向民主政治的問題及方法，張君勱的思想研究是一個重要的可能取徑。王陽明哲學的重新認取和發揮，則是了解張君勱思想的一個關鍵。本書是張氏全面論述陽明哲學的專著，內容深入淺出，能幫助讀者把握張氏在此方面的真正意圖及洞見，是研究張氏思想與陽明心學的重要著作。

中國哲學史

周世輔　著；周玉山　修訂

本書採用西洋哲學理論中的「多分法」，將各哲學家思想統一分項（如人生觀、道德觀、宇宙論等），並擇要附錄於緒論之後，力求深入淺出，讓即使非文學院出身的讀者，也能輕鬆掌握中國哲學兩千年。

邏輯

林正弘　著

本書是初等符號邏輯的教科書。所謂「初等」有兩層含意：第一，在內容方面，包括語句邏輯以及含有等同符號、運算符號和個體變元的量限邏輯；而不包括集合論、多值邏輯，以及含有述詞變元的量限邏輯等在內。第二，在方法上，採用自然演繹法，設計一套由前提導出結論的推論規則；而不採用公理法，把邏輯定理構成公理系統。

老子的哲學

王邦雄　著

作者試圖把老子安放在先秦諸子的思想源流中，去探究《道德經》的義理真實，並建構其思想體系。八十一章的每一句話，都可以得到義理的安頓，並有一整體的通貫。本書由生命修證，開出形上體悟；再由形上結構，探討其政治人生的價值歸趨；並由生命與心知兩路的歷史迴響，對老子哲學作一價值的評估，以顯現其精義與不足。

奇異博士與哲學：另一本禁忌之書

馬克．懷特　主編；威廉．歐文　叢書主編；葉文欽　譯

漫威的著名人物——奇異博士，躍上了世界的大銀幕，開始揮舞著靈環，劃出絢麗的魔法陣，抵禦狂徒的攻擊、傳送你我到世界各地。不管是超級尖端的神經醫學，或是神祕至極的祕術魔法，居然都與哲學脫不了關係？

幸福向誰招手

林火旺　著

作者在本書中以 18 堂課向大眾說明幸福的意義，介紹伊比鳩魯、亞里斯多德、彌爾、康德……等遠近馳名的哲學家，重新以哲學理論解讀幸福，為大眾指引一條通往幸福的大道！幸福不再是童話中的青鳥，卻是你我的囊中之物！

國家圖書館出版品預行編目資料

知識・邏輯・科學哲學／林正弘著.——二版一刷.——臺北市：東大，2023
面；　公分.——（哲學）

ISBN 978-957-19-3354-2（平裝）
1. 知識論 2. 邏輯 3. 科學哲學 4. 文集

150　　112009931

哲學

知識・邏輯・科學哲學

作　者｜林正弘
發 行 人｜劉仲傑
出 版 者｜東大圖書股份有限公司
地　址｜臺北市復興北路 386 號 (復北門市)
臺北市重慶南路一段 61 號 (重南門市)
電　話｜(02)25006600
網　址｜三民網路書店 https://www.sanmin.com.tw

出版日期｜初版一刷 1985 年 3 月
二版一刷 2023 年 9 月
書籍編號｜E100070
ISBN｜978-957-19-3354-2

東大圖書公司